I0901240

TRANSFORMACCIÓN

CUANDO LAS PALABRAS SE CONVIERTEN EN ACCIÓN

TRANSFORMACCIÓN

CUANDO LAS PALABRAS SE CONVIERTEN EN ACCIÓN

ALE GÓMEZ

A menos que se indique lo contrario, las citas bíblicas son tomadas de la Santa Biblia, Nueva Versión Internacional®, nvi®, © 1999 por la Sociedad Bíblica Internacional. Usadas con permiso. Todos los derechos reservados. Las citas bíblicas marcadas (RVR 1960) son tomadas de la versión Santa Biblia, Reina-Valera 1960 (rvr), © 1960 Sociedades Bíblicas en América Latina; © renovado 1988 Sociedades Bíblicas Unidas. Usadas con permiso. Las citas bíblicas marcadas (ntv) son tomadas de la Santa Biblia, Nueva Traducción Viviente, © 2008, 2009 Tyndale House Foundation. Usadas con permiso de Tyndale House Publishers, Inc., Wheaton, Illinois 60189. Todos los derechos reservados. Las citas bíblicas marcadas (LBLA) son tomadas de La Biblia de las Américas®, lbla®, © 1986, 1995, 1997 por The Lockman Foundation. Usadas con permiso. Derechos reservados (www.LBLA.org). Las citas bíblicas marcadas (TLA) son tomadas de La Santa Biblia, Traducción en lenguaje actual, tla, © 2000 por las Sociedades Bíblicas Unidas. Usadas con permiso. Todos los derechos reservados.

Edición: Ofelia Perez

TRANSFORMACCIÓN:
Cuando las Palabras se Convierten en Acción

ISBN: 978-1-62911-638-9
eBook ISBN: 978-1-62911-641-9
Impreso en los Estados Unidos de América
©2015 por Alejandro Gómez

Whitaker House
1030 Hunt Valley Circle
New Kensington, PA 15068
www.whitakerhouseespanol.com

Por favor envíe sugerencias sobre este libro a:
comentarios@whitakerhouse.com.

Ninguna parte de este libro puede ser reproducida o transmitida de ninguna manera o por ningún medio, electrónico o mecánico — fotocopiado, grabado, o por ningún sistema de almacenamiento y recuperación (o reproducción) de información— sin permiso por escrito de la casa editorial. Por favor para cualquier pregunta dirigirse a: permissionseditor@whitakerhouse.com.

1 2 3 4 5 6 7 8 9 10 11 WJ 22 21 20 19 18 17 16 15

DEDICATORIA

A los que se esfuerzan por dar cada día lo mejor que tienen, aunque solo tengan cinco panes y dos peces.

A los que caminan o toman un bus para amar a alguien desconocido y convertirse en un ángel enviado por Dios para ellos.

A los que día a día acompañan a niños, adolescentes y jóvenes a descubrir que la vida no es odio para el que abusó de ellos o los golpeó, sino amor y perdón.

A los que creen que el mundo se cambia con pequeñas acciones, y uno a uno.

Para ese puñado de personas que se atreven a morir por lo que creen y ver cómo sus vidas son la siembra que dará una cosecha de miles en todo el mundo.

Para los que todavía tiene olor a oveja.

Para los que hacen de su discurso una forma de vida.

Para los que todavía lloran con el que llora, y sufren con el que sufre.

Para los que nunca escribirán un libro, pero sus hechos están escritos en el corazón de otras personas que dicen que vieron a Jesús en sus rostros.

Para los que nunca se subirán a una plataforma a dar un discurso porque su misión fue ver el milagro de un puñado de personas que los escucharon hablar cada semana en una reunión en una casa.

Para ustedes, los anónimos, los que cambian el mundo.

LA GRATITUD EMPIEZA EN CASA

Para mi familia:

Para Lali, mi esposa, que cada mañana muy temprano se levanta para amar, cuidar y discipular a un puñado de adolescentes y niños que necesitan encontrar una familia de amor que les muestre que Dios no solo los ama los domingos en la hora de la reunión. Gracias por inspirar mi vida y ver cómo Dios te usa para iluminar caritas muy tristes y ahora verlas brillar con el amor de Dios.

A Nachu, quien está desafiando a Dios y a la iglesia con armas como el *skate*, los *grafitis*, el *rock* y el pelo largo, otra manera de vivir a Dios pero con los mismos resultados: vidas cambiadas, milagros de sanidad y la gloria de Dios en las calles.

A Niquito, el soñador sin límites, que cree que podrá cambiar el mundo con Jesús y eso, según dicen, es una idea que solo es para locos, y tú eres uno de ellos.

A cada uno de los hijos que Dios me regaló, que son el testimonio vivo de que Dios puede transformar vidas destruidas en monumentales obras de arte, y demuestran que con Dios, ¡nada es imposible!

RECOMENDACIONES

"Veo al Pastor Ale como una persona con enormes ganas de trabajar para Dios, de servirle y de hacer cosas diferentes. Es un hombre que cree que puede tocar y cambiar esta generación. Seguramente lo logrará."

Ricardo Montaner

"Te animo a que leas este libro, donde Ale Gómez nos alienta a amar a Dios profundamente y a que seamos capaces de darlo todo. Esta lectura se convertirá en un nuevo desafío para tu vida, ya que finalmente, seremos juzgados por el coraje de nuestros corazones."

Osvaldo Carnival

"Acción sin Palabra es simplemente activismo. Pero palabras sin acción son un mero sonido. Francisco de Asís dijo: 'Prediquen el evangelio en todo tiempo y de ser necesario, usen palabras'. Nuestras acciones manifiestan el mensaje que hemos recibido y que transmitimos. Mas si el énfasis está en nuestras acciones, corremos el riesgo de identificar el evangelio con lo que hacemos nosotros, en lugar de con lo que Dios ha hecho por nosotros y por el mundo en Jesucristo. Nosotros amamos porque Él nos amó primero. Y porque nos amó es que ese amor hay que

manifestarlo por medio de un amor que se convierte en transformación de la realidad. Por eso es tan bienvenido este libro de Ale Gómez. Junto a su esposa Lali, son una expresión del amor de Dios. Como Ale recuerda, ellos han determinado que sus vidas sean 'una posibilidad para los demás'. Y creo que este libro también es una posibilidad para la vida de cada lector: que podamos ser animados a dejar que Cristo Jesús exprese su amor a través de nosotros, y entonces que nuestra vida sea un vehículo de TransformACCIÓN."

Carlos Mraida

CONTENIDO

INTRODUCCIÓN

No se trata de mí, se trata de Jesús, porque todo lo que Él toca lo transforma.

Este libro es la recopilación más preciada de las pequeñas cosas que Dios me ha enseñado en estos años de ministerio. He dejado mi corazón, mis lágrimas y mi pasión en cada párrafo del mismo.

Como evangelista, no se me hace fácil dormir cuando pienso en los miles que se pierden cada día sin poder conocer el amor de Dios. Pero aprendí que Dios tiene un sueño mucho más grande que el mío. Él sabe que posee el ejército más poderoso en el planeta, que cada domingo se reúne en todos los rincones para adorarlo, y que si solamente se sacudiera la modorra de la comodidad y del orgullo personal, nada ni nadie podría detenerlo.

Yo salí de la comodidad cuando creí que Dios me había elegido para bendecir a otros y mi pastor me dio mi primera misión en Ciudad Oculta, lugar muy peligroso de la Capital Federal en Argentina. Me encargó un grupo de jóvenes que vivían en la delincuencia y habían llegado a la iglesia donde me congregaba. Fueron dos o tres años aprendiendo a amar a chicos que se dedicaban a traficar con drogas y a robar. En ese desafío aprendí que el amor de Jesús cambia vidas de una manera increíble. Vi los primeros milagros de transformación que me impulsan hasta el día de hoy a creer que es posible cambiar nuestra generación con Jesucristo. Y sigo viendo los milagros de transformación del amor de Dios cada día, a veces uno a uno, y en nuestros grandes eventos, de miles a miles.

Podemos marcar una diferencia en nuestra generación si cambiamos la forma de ver el mundo exterior como si fuera una amenaza para nosotros, y lo viéramos como la oportunidad única para presentar el amor de Jesús. Ese fue el entrenamiento que recibí de Jesús, paso a paso.

Durante estos doce años de ministerio he ministrado a miles de jóvenes, y comenzamos un plan de transformación para las ciudades, en el que enfocamos nuestro trabajo en jóvenes en situaciones de riesgo y levantamos los valores cristianos como bandera para el cambio de la sociedad.

¿Cómo lo hacemos? ¡Hablamos su propio lenguaje! El objetivo principal es que el mensaje de Jesucristo les llegue a los jóvenes tal cual ellos lo entiendan, y lo tomen como una forma de vida, nunca como religión. De otra manera, solo lograríamos alejarlos del mensaje de amor que Él nos dejó en la cruz.

Ya hemos logrado tener casi un 30 por ciento de chicos no creyentes en el evento más reciente. Se han entusiasmado con la idea de ir a un parque de diversiones a escuchar a los "evangelistas", y hemos recibido testimonios de líderes que nos han contado que los jóvenes les preguntaron: "¿Cómo hacemos para 'volvernos' como ustedes?".

Ese es el éxito de Jesús en nuestros famosos eventos *Jesus Fest* que han revolucionado la evangelización de la juventud y han recorrido el mundo. Uno de los secretos es que todos los jóvenes tienen la oportunidad de ser parte de estos equipos de organizadores y participantes de alrededor de mil jóvenes, y completar así un gran ejército que conmueve a la ciudad. Hacemos *casting* de bandas de los distintos géneros: *hip-hop, break, grafitis*, teatro, payasos, malabaristas, lanzallamas, zancos... en fin, todo lo que anima a los jóvenes a vivir una experiencia de comunicación visual única, y hace posible que los jóvenes sean protagonistas del mensaje de Jesucristo.

Empecemos por los nombres. *Reciclados, Stress, Xplosión5* y otros temas son los escenarios clave en parques de diversiones. Todo es un nuevo formato evangelístico.

La promoción apunta a jóvenes y adolescentes con un mensaje en su propio lenguaje. El más reciente evento se llamó *XP (Xtreme Passion)*, y algunos me preguntaron por qué. Sabemos que en la Biblia no están esas palabras; pero el evento era para chicos no creyentes y casi a 20 mil jóvenes les encantó la idea. ¡Ese es su idioma! Por ellos trabajamos casi todo un año.

Durante los eventos hemos utilizado rayos láser, fuegos artificiales, dibujos animados y libros con páginas web, y miles de jóvenes de habla hispana nos dicen que se sienten orgullosos de compartir todo esto. Los inspiramos a hacer lo mismo en su ciudad.

Estamos usando las herramientas que Dios nos ha dado hoy para cumplir la misma misión que Jesús encomendó a sus discípulos hace miles de años. Cuando los primeros discípulos recibieron la misión trascendental de sus vidas, les fue dicho que su misión primaria era discipular, influenciar, transformar, trastornar, cambiar el mundo con el mensaje de amor y salvación de Jesús.

La misión no se trata de escondernos en cómodos templos donde algún iluminado predicador dice que la presencia de Dios cambia vidas. Se trata de entrenar a una generación con la visión de salir de sus cómodas butacas y convertirse en protagonistas de la historia, donde el centro de la historia pase a ser Jesús y el poder transformador de su Espíritu Santo.

Así lo fue en el comienzo en el libro de Hechos, cuando Dios repartió lenguas humanas y angélicas para que el mensaje fuera escuchado en varios idiomas, y los hermanos en la fe que habían estado reunidos buscando una respuesta, se encontraran con el poder de Dios y el propósito de sus vidas. *"Por tanto, vayan y hagan discípulos de todas las naciones, bautizándolos en el nombre del Padre y del Hijo y del Espíritu Santo, enseñándoles a obedecer todo lo que les he mandado a ustedes. Y les aseguro que estaré con ustedes siempre, hasta el fin del mundo"* (Mateo 28:19-20).

La hermosa transformación que produce el encontrarse con Dios cambia destinos, vidas, familias, y naciones enteras son sacudidas por su amor. Durante estos últimos años he visto con mis ojos miles de adolescentes, jóvenes y adultos siendo tocados por el poder de su amor.

En cada escenario donde pusimos una plataforma, ya fuera en la playa, en parques de diversiones, en plazas o anfiteatros gigantes, al final siempre vi caer lágrimas que solo son la señal de una nueva vida espiritual en Jesús. Podría nombrarte decenas de testimonios que han cambiado sus vidas por medio de estas herramientas que Dios nos ha dado, y son todos adolescentes y jóvenes que dicen haber conocido a un Dios realmente vivo y cercano a sus vidas.

Es hora de vaciar las butacas de los estadios, templos y congresos para ser protagonistas en cada ciudad del mundo, de la transformación más profunda de la historia.

El ejército más poderoso de toda la historia se reúne cada domingo en cada país del mundo para adorar a Dios.

Es el tiempo de la **TrasformAcción**.

¡El fin de las palabras, el comienzo de la acción!

CAPÍTULO 1

UNA BALLENA PARA CAMBIAR EL MUNDO

Durante muchos años he predicado en varios países llevando en mi maleta una ballena inflable que, en su tamaño real, era un poco más alta que yo. Ponerla en acción era siempre muy difícil, ya que inflarla con la boca tomaba dos horas, con lo que debíamos disponer de un vehículo para dirigirnos a la gasolinera más cercana. ¡Toda una aventura! Al comprarla, estaba en una caja muy pequeña y perfectamente doblada, pero empacarla para mi regreso era una tarea casi imposible. Por lo tanto, la mayoría de las veces la sembraba en el país que me había invitado. Pero en Guatemala sucedió un hecho insólito. El pastor de una de las iglesias históricas más importantes de ese país fue impactado por el mensaje, y me dijo: "Ale, la palabra que trajiste será la que tomaré para el año próximo". Y colgó la ballena en el techo de su templo durante un año entero, para que su iglesia nunca olvidara que su razón de ser es llevar el mensaje de Jesús a los que no lo tienen.

Bien, ya es tiempo de comenzar con el significado de la

ballena. En realidad, es la historia de alguien que tuvo que experimentar tres días y tres noches de ayuno y oración para comprender cuál era su propósito en la vida, y cuál era la misión que Dios le había asignado desde antes de la fundación del mundo. Su existencia pasaría inadvertida si no dirigía su barco rumbo a Nínive. Sí, acertaste. Este primer viaje lo haremos con Jonás, hacia las oscuras aguas de la religiosidad más extrema que con tal de cumplir con los usos y costumbres de la comunidad y agradar a los hombres, fue capaz de desoír la misma voz de Dios.

¿Desobediente?

Desde muy pequeño, en mi casa y en la escuela dominical me enseñaron que había alguien en la Biblia que era el ejemplo más claro de rebeldía y desobediencia; su nombre era Jonás. Hasta la fecha recuerdo la canción que me enseñaron: "Y vino un pez muy grande, BLUP se lo comió porque no le hizo caso a la palabra de Dios". Más aún, cuando investigué, ningún comentario bíblico hablaba bien de ese personaje nefasto para la comunidad cristiana mundial. Sin embargo, algo daría un giro a mi percepción de su existencia. Por un instante encendí un televisor imaginario en mi mente, y pude ver a Jonás junto al presidente de Nínive, los ministros, el ejército y toda la gente poderosa de ese tiempo arrodillados delante de Dios, en cadena nacional por todos los canales de televisión y radio, pidiendo y clamando por misericordia a Dios en señal de un arrepentimiento genuino. ¿Acaso no es este el avivamiento que tanto

NO SE PUEDE EXPERIMENTAR UNA TRANSFORMACCIÓN SI NO HAY SEÑALES DE ARREPENTIMIENTO Y CAMBIOS DE CONDUCTA.

soñamos? Por él daríamos nuestras vidas para ver una generación que reconoce que lejos de Dios, solo le queda un futuro de ruina espiritual y social. No se puede experimentar una transformacción si no hay señales de arrepentimiento y cambios de conducta.

¿Acaso Jonás tendrá en su éxito ministerial algún secreto divino que no hemos descubierto? ¿Será que Dios también usa a los desobedientes?

Jonás, ¿héroe o villano?

Cuando alguien es elegido para llevar un mensaje de transformación es porque Dios ha estado trabajando en él durante años, moldeándolo y llevándolo por un proceso doloroso que desafiará sus propios límites, para llevarlo al siguiente nivel. Es más, estoy convencido de que fue elegido como el mejor de su generación, dispuesto a perderlo todo por su Dios. El cantautor argentino Facundo Cabral dijo una vez: "El que no está dispuesto a perderlo todo, no está preparado para ganar nada". Jonás era de los primeros en llegar y último para irse. Ofrendaba su vida por la causa, y su corazón latía con más fuerza cada vez que algún predicador hablaba de ser fiel a Dios y vivir para adorarlo. Había cantado y adorado a Dios con lágrimas en los ojos, y se había comprometido a pasar su vida en los atrios de Jehová. *"Mejor es un día en tus atrios que mil fuera de ellos"* (Salmo 84:10, RVR1960), repetía una y otra vez.

Había soñado su vida lejos de la suciedad del pecado y muy cerca de la santidad de Dios. Buscar la presencia de Dios y hacer su voluntad era su pasión, hasta que un día, tal vez el más esperado de su vida, Dios le habló en forma audible y le dijo: "Nínive". Esto cambió el ritmo de su respiración y hasta por un momento pensó que el mismo diablo se había presentado para tentarlo y quitar la visión que había en su corazón.

Un santo en Nínive

Si hay algo que nos cuesta profundamente entender como creyentes es para qué fuimos rescatados y elegidos por Dios. La crisis que sufrió Jonás es la que veo a diario en la mayoría de los creyentes alrededor del mundo: tenemos miedo de contaminarnos con los demás. Aunque fuimos llamados a discipular naciones que no tienen a Jesús, preferimos quedarnos dentro del templo, o lo que es peor, huir hacia otra ciudad en dirección opuesta a la que Dios nos ha marcado.

Nínive es una ciudad que acepta la venta de alcohol y drogas. La prostitución, el aborto y el matrimonio entre homosexuales son parte de la cultura, y ningún hombre llamado "santo" se atrevería ni siquiera mencionar a Nínive. Por eso Jonás decidió mostrarle a Dios su descontento con la misión que le había encomendado y sacó un pasaje de barco con el rumbo opuesto al indicado.

Cada vez que veo a la Iglesia y a enormes siervos de Dios dedicados a un mensaje de éxito y prosperidad, alejados de las personas y sumidos en proyectos faraónicos de grandeza edilicia que dan miedo por la semejanza a las pirámides egipcias, es en esos momentos donde percibo a la Iglesia rumbo al lugar opuesto, comprando pasajes hacia el confort, la prosperidad y la opulencia. El error más común es creer que podemos darle pelea al enemigo dentro de los templos. Yo personalmente he pisado la cabeza al diablo miles de veces, lo he echado fuera y atado otras miles, sin saber que estaba a un solo paso de poseer la tierra prometida. Volvía a mi casa feliz luego de ver a miles de hermanos unidos en un estadio declarando victoria,

EL ERROR MÁS COMÚN ES CREER QUE PODEMOS DARLE PELEA AL ENEMIGO DENTRO DE LOS TEMPLOS.

cuando a solo cien o doscientos metros de allí había personas en las tristes situaciones que vemos en las calles- pobreza extrema, adicciones, abusos, delincuencia, y nadie se había percatado de ello. Todos habíamos sido llenos de la presencia de Dios como un símbolo de ego religioso, pero eso no nos dejaba ver la necesidad en los demás.

El entrenamiento de Dios

Creer que ir hacia la oscuridad y la suciedad de este mundo nos terminará contaminando es la primera gran mentira que debemos borrar de nuestra mente si queremos caminar hacia la dirección correcta de Dios. Como la primera lección de un entrenamiento de varios años, Dios me llevó por primera vez a un canal de televisión, a un programa de música tropical donde lo más llamativo eran unas señoritas con faldas extremadamente cortas y blusas diminutas. Allí un nuevo miembro de la iglesia, un famoso cantante, iba a hacer una actuación en vivo. Lógicamente, como buen siervo de Dios apartado y santo, le dije a ese cantante que yo no iría a ese lugar por testimonio a mis hijos, a mi esposa y a mi iglesia. El cantante, algo desilusionado, me respondió: "Pastor, pero usted mismo el domingo pasado nos enseñó que debíamos rescatar almas del mismo infierno"; *"y las puertas del Hades no prevalecerán contra ella* [la iglesia]*"* (Mateo 16:18, RVR1960).

Dios estaba usando a un hermano nuevo para enseñarme que mi misión estaba fuera de los templos. Recuerdo aquel sábado como si fuera hoy. Estaba nervioso y mi corazón me decía que ese no era el lugar correcto. Me sentía incómodo, sabía que era el programa con más audiencia del sábado y que muchos jóvenes eran influenciados hacia un estilo de vida opuesto a lo que la Biblia dice. Yo estaría en ese lugar viendo a uno de los miembros de mi iglesia. Todo cambió cuando entramos a ese gran estudio de televisión. El cantante saludaba a la mayoría de las personas, me presentaba con orgullo, y con honra les decía: "Él es mi pastor".

Aunque yo tenía temor, me iba acostumbrando a pisar campo enemigo. A solo cinco minutos de haber entrado al estudio inmenso de televisión, el conductor principal salió de la escena del programa, y en un abrir y cerrar de ojos me encontré orando por una enfermedad en sus piernas de la que fue sano casi de forma instantánea. Eso nos abrió puertas increíbles, y durante varios meses estuvimos yendo a ese canal a orar y a rescatar a aquellos que necesitaban del amor de Dios. Logramos dos hechos muy llamativos: el primero fue que por tres meses, nuestro grupo de *hip-hop* de *Jesus Warriors*[1] bailó en el programa reemplazando a las señoritas durante un bloque completo; el segundo, que casi toda una banda musical recibió a Cristo y terminó desarmándose para servir a Dios.

Para que ocurra una transformación, primero debe ser modificada mi manera de ver a los demás. Ellos no son una amenaza, sino una posibilidad para compartir a Dios. El problema no está fuera, sino dentro de nuestra manera de pensar y de ver el mundo que nos rodea. *"Por lo tanto, hermanos, tomando en cuenta la misericordia de Dios, les ruego que cada uno de ustedes, en adoración espiritual, ofrezca su cuerpo como sacrificio vivo, santo y agradable a Dios. No se amolden al mundo actual, sino sean transformados mediante la renovación de su mente. Así podrán comprobar cuál es la voluntad de Dios, buena, agradable y perfecta"* (Romanos 12:1-2).

Si somos luz, debemos iluminar en lugares oscuros. Si

somos sal, debemos servir para dar sabor y preservar a esta generación de la podredumbre del pecado. Este concepto es el que nunca pudo entender Jonás y el que lo hizo escapar hacia otro sitio en el mundo, idea con la cual Dios nunca estuvo de acuerdo.

SI SOMOS LUZ, DEBEMOS ILUMINAR EN LUGARES OSCUROS. SI SOMOS SAL, DEBEMOS SERVIR PARA DAR SABOR.

Se hunde el barco

"Los marineros, aterrados y a fin de aliviar la situación, comenzaron a clamar cada uno a su dios y a lanzar al mar lo que había en el barco. Jonás, en cambio, que había bajado al fondo de la nave para acostarse, ahora dormía profundamente. El capitán del barco se le acercó y le dijo: —¿Cómo puedes estar durmiendo? ¡Levántate! ¡Clama a tu dios! Quizá se fije en nosotros, y no perezcamos" (Jonás 1:5-6).

Dios siempre buscará todos los medios para despertarnos de nuestro letargo religioso. Usará una ballena, un burro, una zarza o una inundación, pero de algo debes estar seguro; nunca se detendrá hasta terminar la obra en quienes ha elegido para cumplir la misión. Jonás, culpable de la tormenta que azotaba el barco, se encuentra durmiendo plácidamente mientras sus compañeros de travesía luchan con todas sus fuerzas para mantener a flote el barco. Tal vez, la historia da una muestra más de que mientras el mundo se hunde en la miseria del pecado, la Iglesia está durmiendo dentro de los templos, declarando victoria y pisando la cabeza al diablo en un lugar donde no le molesta demasiado. Por este motivo, el patrón de la nave increpa a Jonás duramente, y lo obliga a levantarse para ser protagonista, torcer el curso de una realidad inevitable y no ser tan solo un espectador de lujo.

Si alguna vez te despiertas sobresaltado viendo tu ciudad, país o generación hundiéndose y muriendo por tanta perversidad, no creas que es una mala pesadilla que estás sufriendo. Es un despertar de parte de Dios para cambiar una realidad de millones que caminan hacia un precipicio, que no tendrá vuelta atrás a menos que hagas algo más poderoso y real que declarar victoria en un congreso o dentro de las paredes del templo.

Travestis y prostitutas

Cada vez que íbamos en el auto de casa hacia la iglesia, debía atravesar junto a mi familia una zona roja que estaba llena de travestis y prostitutas que ofrecen su cuerpo en la vía pública a cambio de dinero. Al pasar por ese lugar, mi hijo más pequeño miraba con sorpresa y hasta le parecía divertido ver a esa gente semidesnuda disfrazada, haciendo gestos y señas hacia nuestro auto. Le prohibí terminantemente que mirara a esas personas obscenas y sin escrúpulos. Él lo siguió haciendo cada vez, hasta que un día me enojé mucho y le di una pequeña cachetada. En ese momento, Dios me mostró que la curiosidad del niño sin maldad tenía que ver con el motivo que había llevado a esas personas a tal situación.

Algo estalló dentro de mí, y junto con mi esposa comenzamos a darles de comer y beber algo caliente, a fin de conocer sus historias de vida. Cada una de ellas tenía una típica historia de terror, donde de pequeñas habían sido sometidas a abusos de todo tipo y aun sus propios padres les habían obligado a prostituirse, o fueron víctimas de abuso sexual. Nuestro corazón y pensamiento hacia esas personas giró bruscamente y nos dimos cuenta de que necesitaban a Jesús, compartiendo tiempo con ellas, riendo, llorando, abrazándolas. Un día muy especial fuimos a festejar el cumpleaños de una de ellas con un pastel y bebidas. En el momento que le cantábamos el *Feliz Cumpleaños*, ella irrumpió en un llanto muy fuerte y nos dijo que era la primera vez en veinticinco años que le festejaban el cumpleaños y que lo hacían con un pastel. Cuando dejamos nuestra religiosidad y el amor de Dios comenzó a fluir, cada una de ellas abrió su corazón, y muchas cambiaron sus vidas. Algunas volvieron a su país para comenzar un nuevo tiempo al lado de Jesús.

MI ORACIÓN ES PARA QUE LA LUZ DE JESÚS ILUMINE DÍA A DÍA CADA CIUDAD DEL MUNDO.

Hace mucho tiempo que dejé de orar para que desaparezca la oscuridad del pecado. Mi oración es para que la luz de Jesús ilumine día a día cada ciudad del mundo, y te aseguro que la oscuridad se disipará.

Avivamiento, convicción y misión

Luego de 72 horas de ayuno y oración pidiendo por su pellejo y al borde de la muerte, Jonás comprendió cuál era el propósito en su vida; el motivo por el cual Dios lo había preparado y elegido como un profeta que llevaría su mensaje a una nación destruida por el pecado que necesitaba arrepentirse como única salida a un juicio seguro. Cuando la ballena devolvió a Jonás a la superficie, él nunca fue el mismo; se había convertido en un hombre que encontró su norte, su propósito. Su convicción fue tan fuerte, que pondría su propia vida en juego como lo hicieron Moisés, José, Daniel, Sadrac, Mesac y Abed-nego, quienes fueron marcados por Dios. Aunque tuvieron que enfrentarse a su propia muerte, dieron muestras de que un hombre por más débil que sea, si se encuentra cara a cara con Dios y halla su propósito en Él, será capaz de impulsar un avivamiento. En Nínive, desde el más pequeño hasta el más grande conocieron el mensaje de salvación, arrepintiéndose y dando a Dios el lugar que le corresponde en una nación. Por eso Dios se arrepintió del juicio contra Nínive.

Jonás siguió dando sobradas muestras de que no había experimentado la perfección en su vida, lo que vuelve a mostrar que Dios usa gente imperfecta para cumplir su perfecta voluntad. Entre ellos estamos tú y yo.

Cristomorfosis

Ahora si tuvieras que volver a opinar sobre Jonás, te darías cuenta de que se trata solo de la triste historia de la Iglesia, de tu historia o la mía, donde soñamos con cambiar el mundo sentados desde una cómoda butaca en nuestra iglesia, cuando Jesús pasó el 95 por ciento de su tiempo en las calles. Nuestro Líder y Salvador nos enseñó a no centrarnos en la iglesia como edificio, sino en la Iglesia como cuerpo que sana, abraza, ama, llora, sufre, y ríe con los que no conocen su amor. *"Antes de formarte en el vientre, ya te había elegido; antes de que nacieras, ya te había apartado; te había nombrado profeta para las naciones"* (Jeremías 1:5).

SOÑAMOS CON CAMBIAR EL MUNDO SENTADOS DESDE UNA CÓMODA BUTACA EN NUESTRA IGLESIA, CUANDO JESÚS PASÓ EL 95 POR CIENTO DE SU TIEMPO EN LAS CALLES.

Nuestros profetas necesitan tocar la miseria humana para que el mensaje salga del corazón y no de la mente; para que las palabras y las canciones se conviertan en hechos. Una generación nos está esperando fuera de los templos, en los parques, las universidades, las cárceles, los hospitales, los estadios y cada esquina en cada ciudad.

¡A Nínive! Ese es el grito de guerra de una generación que cambiará el mundo con Jesús.

CAPÍTULO 2

LAS CINCO PIEDRAS DE DAVID: DERROTA A TUS VERDADEROS GIGANTES

Apenas uno llega en avión a la ciudad de Buenos Aires, se encuentra con algo que le da la bienvenida: la Torre del Parque de la Ciudad[1] que se eleva a casi 200 metros como un gigante que la vigila de noche y de día. Se dice que es el punto más alto de la ciudad de Buenos Aires. Esto se había convertido en una obsesión para mí. Ese gigante de 176 metros de altura en medio de la ciudad de Buenos Aires se me aparecía cada mañana en el viaje hacia mi trabajo en una compañía petrolera. Al pasar por allí, la única imagen que venía a mi mente era la imagen del gigante Goliat frente a un diminuto David, a quien solo un milagro podía salvar de la muerte. Pero cuando Dios respalda a una persona, no hay circunstancia o gigante que la haga retroceder. Solo le toca contemplar la mano de Dios que luchará y peleará por ella.

Esta torre se encuentra en medio de un parque de diversiones donde miles de adolescentes y jóvenes, semana a semana, concurrían a divertirse y pasar una jornada inolvidable con grandes juegos mecánicos. Algo me llamaba a ese lugar sin saber que mi vida cambiaría para siempre cuando llegara a conocerlo. Un sábado decidí subir a la Torre para escuchar la voz de Dios y saber cuál era el desafío para mi vida. Como la zarza ardiente o el sacrificio de Abraham con Isaac, me preparé para ese día. Le dije al líder de jóvenes de mi pequeña iglesia, a la secretaria y a otro joven líder, que subiríamos a la Torre porque Dios tenía algo que mostrarme o decirme a 200 metros de altura.

CUANDO DIOS RESPALDA A UNA PERSONA, NO HAY CIRCUNSTANCIA O GIGANTE QUE LA HAGA RETROCEDER.

Llegamos al parque, y después de haber pagado yo mismo las cuatro entradas nos dirigimos directamente a la Torre viendo que, para mi sorpresa, tenía un costo adicional. Sin dinero extra parecía que todo se frustraba, y mientras le comentaba al equipo que al no tener más dinero lo dejaríamos para la próxima semana, una mujer nos dijo: "No se hagan problemas, yo tengo cuatro entradas de regalo para ustedes". Y muy amablemente nos regaló las cuatro entradas para subir a la Torre. Temblaba cuando subí al ascensor y les dije a los chicos que esa era la primera señal de la provisión de Dios. Les aseguré que un ángel apareció para darnos las entradas y aunque se rieron ese día, hasta la fecha cada uno de ellos piensa que así fue.

Ese 25 de mayo de 2002 subimos a la Torre, y la visibilidad de toda la ciudad de Buenos Aires era perfecta. Desde allí se aprecia a una distancia de 80 kilómetros, y por lo tanto se puede ver la costa de Uruguay. Compré una ficha y utilicé un telescopio que está instalado en la Torre. Empecé a divisar la costa, y casi podía experimentar "hasta donde vean tus ojos o crea tu corazón será la conquista" (Génesis 13:14-16, parafraseado por el autor). En ese momento, cuando el tiempo del telescopio se acabó, pude escuchar por primera vez en mi vida el susurro de Dios diciendo: "Te doy todo lo que desees para que evangelices". En ese segundo me puse a llorar, y los jóvenes que estaban conmigo creyeron que me había mareado o descompensado. Al salir de esa conmoción le pregunté al líder de jóvenes cómo hacía para confirmar si Dios me había hablado realmente. Me dijo: "Pídele este parque a Dios y hagamos un evento para miles de jóvenes", a lo que respondí que nosotros nunca habíamos hecho un evento para más de 150 personas. Al instante, ellos me recordaron que si Dios había hablado, Él traería recursos y gente que pudiera conocer a Jesús.

Solo siete meses después, 12.400 jóvenes y adolescentes vivieron una experiencia juvenil de evangelización única, transgresora e innovadora, llamada *12/12* porque comienza a las 12 del mediodía y termina a las 12 de la medianoche. Hasta la fecha, ese evento ha movilizado a más de 350 mil jóvenes en los doce años del Ministerio *Jesus Warriors* y más de un millón por medio de *One World*[2] en más de cuarenta países en el mundo desde el año 2010, con el famoso movimiento *10.10.10 Día Mundial de la Juventud con Valores Cristianos*[3].

La pregunta más común en cada charla o entrevista es: ¿Cómo hiciste para lograr atraer a tantos miles de jóvenes a los pies de Jesús?, como si la historia tuviera que ver con mis habilidades humanas. Cada vez que Dios se propone hacer algo, solo necesita hombres que simplemente obedezcan para ver cómo Él mismo pelea y gana la batalla. Yo solo soy un testigo de su poder. Podría haber visto el mar Rojo abrirse, los panes y los peces multiplicarse, a un ciego recibir la vista o simplemente ver cómo un guerrero gigante, Goliat, se desploma ante la fe de un niño que vivía en adoración y confiaba en Jehová de los ejércitos.

Los gigantes más peligrosos e invencibles son los que viven en nuestra mente, ya que de los gigantes externos siempre se ha encargado Dios.

LOS GIGANTES MÁS PELIGROSOS E INVENCIBLES SON LOS QUE VIVEN EN NUESTRA MENTE.

Nunca podrás derrotar a Goliat si no te has enfrentado a tus gigantes del corazón, los que te hacen creer que no puedes, que eres insignificante, que Dios no te ha elegido, que eres inferior o que la derrota es tu destino.

Para esto David nos dio una lección, y eligió cinco piedras, una por cada gigante que tenemos que derrotar. En aquella ocasión, David tomó una piedra para Goliat y las otras cuatro para cada uno de los hermanos de Goliat, todo un simbolismo que nos hablará de los verdaderos gigantes que debemos encarar antes de presentarnos al campo de batalla. Si eres un valiente guerrero, atrévete a leer este capítulo hasta el final para que aprendas a derrotar a tus cinco gigantes.

Gigante 1: ¿Qué pienso de mí mismo?

"David le respondió: —A mí me toca cuidar el rebaño de mi padre. Cuando un león o un oso viene y se lleva una oveja del rebaño, yo lo persigo y lo golpeo hasta que suelta la presa. Y si el animal me ataca, lo sigo golpeando hasta matarlo. Si este siervo de Su Majestad ha matado leones y osos, lo mismo puede hacer con ese filisteo pagano, porque está desafiando al ejército del Dios viviente. El Señor, que me libró de las garras del león y del oso, también me librará del poder de ese filisteo. —Anda, pues —dijo Saúl—, y que el Señor te acompañe" (1 Samuel 17:34-37).

David se presenta en sociedad, y aunque había sido ungido como rey por el profeta Samuel, le debe decir a Saúl y al mundo lo que piensa de sí mismo y de su relación tan particular con Dios. David considera que de la misma manera que Dios obra en las cosas cotidianas de sus hijos, también lo hará en los momentos cruciales donde la vida misma está en juego. Por ello, la relación con Dios siempre es más importante que los dones mismos. David declara que su vida está basada en el poder de su Dios, quien es el que lo libra de las garras del león, del oso y del mismísimo Goliat. Lo dice con tanta convicción, que aun su rey lo autoriza a ir a la batalla cuerpo a cuerpo, no por sus habilidades, sino por lo que cree de sí mismo.

LA RELACIÓN CON DIOS SIEMPRE ES MÁS IMPORTANTE QUE LOS DONES MISMOS.

Si pudieras tomarte sesenta segundos para responder qué piensas de ti, ¿de qué hablarías? ¿De lo que tienes? ¿De lo que te falta? ¿De tus pecados? ¿De tus fracasos o tus victorias? Quién eres y cuál es el ADN de tu propósito en la vida es mucho más poderoso, ya que no se detiene en tus fuerzas o en tus circunstancias, sino en el poder de Dios. Declaramos que somos nuevas criaturas, y ese milagro del nuevo nacimiento nos da un ADN celestial que rompe con toda ligadura e impedimento humano (padres, heridas emocionales, nivel social, estudios). Tu vida no se basa en lo que tienes, sino definitivamente en quién eres en Dios.

Tal cual lo declara Apocalipsis 5:10 (*"y nos has hecho para nuestro Dios reyes y sacerdotes, y reinaremos sobre la tierra"*, RVR1960), somos reyes y sacerdotes para Dios; esto nos enseña a creer y vivir sabiendo quiénes somos. La figura de reyes nos indica la clara alusión a gobernar y dirigir, Dios nos ha encargado la misión de que a través de su Palabra guiemos a una generación hacia Dios para el bienestar de la sociedad, enseñándoles valores y principios bíblicos. Sacerdotes, en cambio, se refiere a vivir ministrando en la presencia de Dios, con nuestra vida y nuestro corazón derramados delante de Él, y con la clara tarea de llevar a otros a experimentar un estilo de vida diferente. Si comprendes quién eres en Dios, nada ni nadie te podrá hacer frente porque Él mismo te acompañará en cada batalla.

Gigante 2: ¿Qué dicen de mí los demás?

"Y oyéndole hablar Eliab su hermano mayor con aquellos hombres, se encendió en ira contra David y dijo: ¿Para qué has descendido acá? ¿y a quién has dejado aquellas pocas ovejas en el desierto? Yo conozco tu soberbia y la malicia de tu corazón, que para ver la batalla has venido" (1 Samuel 17:28, RVR1960).

Este es el gigante que la mayoría de las personas jamás podrá derrotar. Las opiniones de los demás nos pesan tanto, que terminamos peleando contra un fantasma que no existe. Cambiamos nuestro rumbo y hasta gastamos energías para demostrar que lo que dicen no es cierto. Terminamos agotados, fuera del propósito de Dios y frustrados porque nunca acabaremos de dar un giro a la opinión de los demás. Entonces ¿qué? La respuesta es simple: solo escucha la opinión de Dios sobre tu vida, lo cual dirige, construye y te lleva a alcanzar el propósito para el que naciste. *"Antes de formarte en el vientre, ya te había elegido; antes de que nacieras, ya te había apartado; te había nombrado profeta para las naciones"* (Jeremías 1:5).

SOLO ESCUCHA LA OPINIÓN DE DIOS SOBRE TU VIDA.

David, como cada uno de nosotros, tuvo que enfrentarse a

la opinión de los más cercanos: la opinión que más duele. Su hermano mayor, su modelo al que más respetaba, le dijo: *"Yo conozco tu soberbia y la malicia de tu corazón, que para ver la batalla has venido"* (1 Samuel 17:28, RVR1960). Nunca una mentira fue tan fuerte. ¿Qué tal si David se hubiera enojado y se hubiera ido a casa por semejante ofensa? Casi puedo ver a decenas de hermanos en las iglesias profundamente ofendidos por las opiniones de otros, cerrando la oportunidad de ver en solo minutos la gran victoria de Dios en sus vidas al preferir enojarse y frustrar el plan de Dios.

David fue a servir a sus hermanos y a llevarles alimentos, y escuchó a Goliat insultar a su Dios, el Dios que lo había librado del león y del oso. Tal es así que le dijo al rey que pelearía en el nombre de Dios. La opinión de Saúl también fue adversa: *"No podrás tú ir contra aquel filisteo, para pelear con él; porque tú eres muchacho, y él un hombre de guerra desde su juventud"* (1 Samuel 17:33, RVR1960). Alguien más se interponía en el camino, y volvió a declarar que David no estaba preparado para luchar. Tal vez tenía razón, pero estas peleas no son ganadas por habilidad humana, sino por Dios. David volvió a escuchar la voz de Dios y salió al encuentro de un destino divino.

Por último, Goliat mismo al verlo le dijo: *"¿Soy acaso un perro para que vengas a atacarme con palos?... ¡Ven acá, que les voy a echar tu carne a las aves del cielo y a las fieras del campo!"* (1 Samuel 17:43-44). Aunque esta declaración hecha por un adversario es tal vez la más esperada, muchos igualmente sucumben al escucharla. Al creerla, le dan lugar al peor enemigo de un hombre de fe: la duda. Te aseguro que es la manera en que habrás perdido la batalla antes de tiempo.

SIN IMPORTAR CUÁLES SEAN TUS CUALIDADES, ÉL TE USARÁ PARA DERRIBAR GIGANTES.

Por eso, cuando escuchas la opinión de Dios recibes poder, revelación, y verás su gloria en tu vida. Sin importar cuáles sean tus cualidades, Él te usará para derribar gigantes.

Gigante 3: Las circunstancias

¿Cuántas veces esperamos el momento ideal para servir a Dios y ese momento nunca llega? Son amigos y hermanos que comenzaron juntos a seguir a Jesús, pero cuando tuvieron que enfrentarse a circunstancias prefirieron dar un paso atrás y sentarse en los cómodos sillones de la mediocridad.

David tuvo que enfrentarse también a las circunstancias para dar batalla al gigante. *"Y Saúl vistió a David con sus ropas, y puso sobre su cabeza un casco de bronce, y le armó de coraza. Y ciñó David su espada sobre sus vestidos, y probó a andar, porque nunca había hecho la prueba. Y dijo David a Saúl: Yo no puedo andar con esto, porque nunca lo practiqué. Y David echó de sí aquellas cosas. Y tomó su cayado en su mano, y escogió cinco piedras lisas del arroyo, y las puso en el saco pastoril, en el zurrón que traía, y tomó su honda en su mano, y se fue hacia el filisteo"* (1 Samuel 17:38-40, RVR1960). Se vistió como un soldado normal con todos los elementos para una batalla profesional, pero David no estaba entrenado para eso. Solo tenía la honda y cinco piedras lisas que recogió del lecho del río para enfrentarse a un Goliat armado hasta los dientes.

Esto me hace recordar el momento que empezamos a soñar con realizar el primer evento para que miles tuvieran un encuentro con Dios. La realidad indicaba que nadie conocía de nosotros y que ningún artista o banda vendría a un evento desconocido, organizado por desconocidos, en un parque de diversiones donde nunca antes se había realizado un evento cristiano. Además, contábamos con el inconveniente de no tener a ninguna persona famosa con nosotros, y el predicador sería un líder juvenil totalmente desconocido (o sea, yo) que lo único positivo que tenía era su testimonio y una pequeña iglesia de cien miembros que pastoreaba. Recuerdo las palabras de uno de los organizadores de eventos cristianos más importantes de Argentina: "Para poder reunir a más de diez mil jóvenes necesitas a un predicador de fama internacional. Con mucha fe puedes llegar a dos mil o tres mil jóvenes, y eso si no llueve". ¡Por un momento creí que me moría de miedo! Si un amigo tenía esa opinión, ¿qué quedaría para el enemigo?

Escuchar a alguien que no ha recibido la visión como tú te desalentará, porque solo tú verás lo que Dios te mostró. Cuando Dios te da una visión, te elevará por un instante a mirarla como Él la ve; desde el cielo mismo. Tu visión es más alta que tu humanidad, y empiezas a creer para ver lo que Dios ya imprimió en tu mente y tu corazón.

CUANDO DIOS TE DA UNA VISIÓN, TE ELEVARÁ POR UN INSTANTE A MIRARLA COMO ÉL LA VE.

Comencé a recorrer iglesias y pastores para contarles que miles de jóvenes se darían cita en una cruzada de evangelismo única durante doce horas donde hablaríamos de Jesús, con un equipo de 500 voluntarios en un parque de diversiones, cinco escenarios, juegos electrónicos y espectáculos para todas las edades. La única consigna a cumplir era: "Llevar a un amigo para vivir un día inolvidable". Casi tres meses pasé sin comer, porque la ansiedad y el temor a este desafío demasiado grande para un simple pastor de cien ovejas habían llegado a límites insospechados. Pero luego de entender que Dios pelearía por mí y que el gigante de casi 200 metros sería testigo de una jornada de salvación, arribamos al Día D.

Todavía recuerdo que no me atreví a llegar al parque, sino que envié a mi esposa Lali. Tenía miedo de saber cuánta gente había llegado, pero al atender el celular con la llamada de mi esposa, sentí que ella gritaba de alegría. Me contaba que había problemas en las puertas principales con los miles de personas que querían entrar antes del horario establecido. Confieso que solté el celular, adoré a Dios y lloré durante largos minutos.

CUANDO TUS OJOS NO ESTÁN PUESTOS EN LAS CIRCUNSTANCIAS SINO EN JESÚS, TODOS LOS GIGANTES SON PEQUEÑOS Y SE CAEN ANTE LA PRESENCIA DE DIOS.

Cuando tus ojos no están puestos en las circunstancias sino en Jesús, todos los gigantes son pequeños y se caen ante la presencia de Dios. Los mares se abren, los panes se multiplican, las murallas se derrumban y finalmente tu única arma, aquella piedrita diminuta, pega en el lugar justo y el gigante más temible se desploma sin ofrecer resistencia.

Gigante 4: Intimidad con Dios

El gigante que opaca la vida de la mayoría de los seguidores de Jesús es este. Preferimos muchas veces trabajar sin dormir, recorrer cientos de kilómetros, hacer congresos y festivales inmensos, antes que doblar nuestras rodillas cada mañana.

¿Por qué será? Trabajamos para un patrón que no conocemos, servimos a alguien a quien en contadas ocasiones le hablamos. Existe una pregunta a la que todos intentamos buscarle respuesta: ¿Cómo hacer para estar en intimidad con Dios?

Hace muchos años, un pastor coreano muy conocido me enseñaba que él se despertaba a las 4:00 de la mañana para orar, y su tiempo de oración era de cuatro horas. Cuando escuché eso, me dije: "Esa es la clave para tener intimidad con Dios". Así que al otro día empecé a las 4:00 de la mañana, aunque me costó muchísimo despertarme. Emocionado, empecé a orar para cumplir mi primer objetivo: ¡eran solo cuatro horas! Comencé a orar con mucha fuerza, y luego de un rato, al acabarse los motivos de oración, ¡comencé a orar por los misioneros de África, Asia, Oceanía, Europa, por mi perro y hasta por el canario! Y dije por dentro: "Ya debo estar cerca de las tres horas. Miré el reloj, ¡y con profunda decepción vi que solo habían pasado cuarenta minutos! Aprendí una gran lección: Dios no está buscando que yo calcule mi tiempo de estar con Él, sino que quiere ser mi Amigo, mi Consejero, mi Padre, y que yo disfrute de su presencia para escuchar su voz. ¿Por qué muchos siervos terminan cayendo y sus ministerios destruidos? La respuesta es que hace mucho tiempo que no tienen intimidad con Dios.

David conoció lo que era estar en intimidad con Dios en una noche oscura, en soledad con sus ovejas y mucho frío. Escuchó el rugido de un león y su cuerpo se estremeció de miedo, pero una canción que marcaría e inspiraría a millones como tú y como yo salió de lo profundo de su corazón: *"Jehová es mi pastor; nada me faltará. En lugares de delicados pastos me hará descansar; Junto a aguas de reposo me pastoreará"* (Salmo 23:1-2, RVR1960). Fue la misma que entonó antes de enfrentarse a Goliat.

TENER INTIMIDAD CON DIOS TE DA LA VENTAJA DE HABLAR CON EL DUEÑO DEL UNIVERSO, SENTIR SU VOZ Y APOYO EN CADA DECISIÓN.

Tener intimidad con Dios te da la ventaja de hablar con el dueño del universo, sentir su voz y apoyo en cada decisión. Sin su cobertura, posiblemente vayas camino a un desastre ministerial, y cuando te veas enfrentándote al gigante, tal vez no tengas el mismo final que David.

Gigante 5: La unción

Todos hubiéramos querido tomarnos un *selfie* con Goliat caído, y en nuestra mano derecha la quinta piedra: la de la victoria. La foto final es la que todos anhelamos, pero ¿por qué la mayoría anhela la unción (la quinta piedra) igual que otro la ha recibido? Copiamos a otros pastores o predicadores: el tono de voz, sus frases, su manera de vestir, su peinado, creyendo que si de alguna manera nos parecemos a un gran hombre o mujer de Dios, la misma unción caerá sobre nosotros.

Fuimos hechos únicos. Nuestro ADN es único; por lo tanto, Dios nos da una piedra que también es única. Si no quieres frustrarte, debes buscar a Dios para que Él mismo te entregue tu quinta piedra: tu propia unción.

Cuando Dios me llamó ese día en la Torre, recuerdo que horas después entré en pánico y le dije a Dios: "¿Cómo harás para usarme con los jóvenes? ¿Acaso no sabes que aquí en Argentina vive el predicador hispano más importante? ¿Qué cosa puedo hacer yo que él no haya hecho?". Y la verdad es que Dios nunca me contestó. Yo tenía que aprender la lección: mi piedra es única y especial para Dios. Rescatar a jóvenes de adicciones, cárceles, abuso, prostitución, delincuencia, y regalarles un abrazo, una familia y una nueva manera de vivir con Jesús, ¡esa es mi piedra!

Luego de varios años de ministerio, Dios nos ha mostrado

que Él tenía razón. Lo que cada uno de nosotros posee es tan único que el molde se ha roto en el mismo momento de nuestro nacimiento. Eres tú a quien Dios ha elegido, y eres único.

El gigante Goliat a los pies de David solo vuelve a recordarnos que la victoria no depende de nosotros, sino de dejar a Dios pelear por nosotros.

LA VICTORIA NO DEPENDE DE NOSOTROS, SINO DE DEJAR A DIOS PELEAR POR NOSOTROS.

CAPÍTULO 3

LOS TRES CORAZONES: ¿CUÁL DE ELLOS SE APROPIÓ DE TI?

El motor más importante en el curso de la humanidad no tiene que ver con algún impulsor de un cohete espacial, sino con la motivación. La palabra se deriva del latín *motivus*[1], que significa "movido". La motivación es un estado interno que activa, dirige y mantiene la conducta. Otros la definen como el énfasis que se descubre en una persona para satisfacer una necesidad, aumentando con ello el impulso necesario para satisfacerla.

En forma muy casera, he definido esta palabra con una pregunta: ¿cuál es el motivo de mi acción? Finalmente, todos los seres humanos se sienten atraídos a hacer algo y, cuando lo hacen, emplean todas sus fuerzas, tiempo y capacidad. El gran problema muchas veces no es qué hacemos, sino estar motivados por un corazón egoísta, ambicioso u orgulloso, lo cual hará que las acciones y decisiones tomadas giren en torno a nuestro tipo de corazón. Tú puedes dar de comer a los pobres y dar abrigos en las calles, pero si tu corazón no tiene amor o solo buscas reconocimiento, serás simplemente un instrumento que hace ruido y nada más. He visto a muchos grandes cristianos hacer cosas increíbles, pero cuando escuchas que su motivación es "ser los más grandes en su país", "cerrarles la boca a otros", "convertirse en la banda más escuchada", o lo que es peor, "ganar más dinero", te aseguro que te pondrías a llorar, tal como a mí me sucedió.

EL GRAN PROBLEMA MUCHAS VECES NO ES QUÉ HACEMOS, SINO ESTAR MOTIVADOS POR UN CORAZÓN EGOÍSTA.

Por eso quiero internarte en una historia bíblica muy simple, pero muy reveladora a la vez, donde podemos apreciar la importancia de tener la correcta motivación para cumplir el propósito que Dios ha planeado para cada uno de nosotros y no perder en el camino el corazón de Dios.

Empecemos... ¿religioso yo?

Creo firmemente que dentro de cada persona conviven tres tipos de corazones que intentarán apropiarse de su manera de actuar y de su toma de decisiones. Respecto a esto Jesús nos dejó una enseñanza muy clara en la historia del buen samaritano, donde visiblemente se muestra que ante la necesidad de un prójimo, nuestro corazón es el que dicta lo que haremos.

Jesús se enfrenta a un religioso que no tenía las mejores intenciones de seguir a Dios y estaba buscando cómo hacer tropezar a Jesús, ya que su manera de vivir la fe lo confrontaba con su religiosidad, basada simplemente en reglas a cumplir para sentirse aprobado. La pregunta fue: *"Maestro bueno, ¿qué haré para heredar la vida eterna?"* (Lucas 18:18, RVR1960). Lo traduciré como: "¿Jesús, cómo puedo cumplir mi propósito en la vida?".

Una versión muy juvenil y particular dice: *"Ama a tu Dios con todo lo que piensas, con todo lo que vales y con todo lo que eres, y cada uno debe amar a su prójimo como se ama a sí mismo"* (Lucas 10:27, TLA).

Nada mejor que describa el amor de dos personas en su máxima expresión: todo lo que pienso, soy y valgo es para la persona que amo. No se trata de una lista detallada de actividades prohibidas o permitidas, sino de un amor tan profundo hacia Dios que no precisa reglas para llegar a Él.

TODO LO QUE PIENSO, SOY Y VALGO ES PARA LA PERSONA QUE AMO.

Muchas personas acumulan conocimiento como un fin en sí mismo o como una manera de sentir que están más cerca de cumplir el propósito de Dios, y no se dan cuenta de que su corazón se ha alejado hace años del Dios al que dicen amar.

Todo lo que piensas: Cuando tus pensamientos se dirigen hacia decenas de lugares que no incluyen a Dios, estás en un problema: definitivamente Él no ocupa el primer lugar.

Todo lo que eres: Las personas que basan su vida en los sentimientos están destinadas a vivir en un subibaja que dependerá de sus estados de ánimo. Sansón, David y otros personajes bíblicos muestran cómo sus creencias fueron traicionadas por su corazón y terminaron viviendo situaciones dolorosas y lejanas a su Dios, demostrándonos que el peor consejero para nuestro futuro es nuestro corazón.

Todo lo que vales: El valor lo puse en último lugar porque es el fruto de los dos primeros. Quien soy depende de quién pienso que soy. En ello pondré mi atención, mis fuerzas y mi tiempo. Con Lali, mi esposa, tenemos como lema: *"Todo aquello que era para mí ganancia, lo he estimado como pérdida... Por Él lo he perdido todo y lo tengo por basura por causa de Cristo"* (Filipenses 3:7, alusión parafraseada por el autor). Llegas a entender que vales solo por lo que Dios ha depositado en tu vida. El propósito no tiene que ver contigo; se trata de Dios en tu vida.

VALES SOLO POR LO QUE DIOS HA DEPOSITADO EN TU VIDA.

Dios nos enseña a amarlo tan profundamente que seamos capaces de darlo todo, absolutamente todo. ¡Y eso también te incluye a ti! Recuerdo a un hombre que al no tener un centavo en el momento de la ofrenda, se dispuso a meterse adentro del alfolí. Eso me dejó la enseñanza perfecta de lo que significa dar todo para Dios, y que no hay mayor valor para Dios que nuestra propia vida, que lo incluye todo.

¿Quién es mi prójimo?

"Y cada uno debe amar a su prójimo como se ama a sí mismo" (Lucas 10:27, TLA). Uno de los grandes secretos de la vida para ser feliz es descubrir a nuestro prójimo, porque si no conoces a tu prójimo, no sabes quién es Dios. Esta segunda parte yo la traduciría como: "mostrarás que amas a Dios, con toda tu alma, con toda tu mente y con todas tus fuerzas en la manera que amas a los demás". Creemos que mostramos nuestro profundo amor a Dios cuando

cantamos, oramos y hasta nos emocionamos pensando que estamos conmoviendo el corazón de Dios. Y claramente aprendemos que el verdadero amor a Dios es dar nuestra vida por los demás. La verdadera religión es dar de comer a las viudas y a los huérfanos.

Cada vez que veo en la calle a alguien con necesidad y me mira fijamente a los ojos, me pregunto: ¿no será Jesús el que viene a pedirme ayuda? La clave finalmente no se encuentra en la vida del prójimo en necesidad, sino en el corazón con el que me enfrento a esa persona: mi prójimo.

EL VERDADERO AMOR A DIOS ES DAR NUESTRA VIDA POR LOS DEMÁS. LA VERDADERA RELIGIÓN ES DAR DE COMER A LAS VIUDAS Y A LOS HUÉRFANOS.

Seguiremos nuestro viaje hacia la historia del buen samaritano.*"Entonces Jesús le puso este ejemplo: «Un día, un hombre iba de Jerusalén a Jericó. En el camino lo asaltaron unos ladrones y, después de golpearlo, le robaron todo lo que llevaba y lo dejaron medio muerto"* (Lucas 10:30, TLA).

El corazón ambicioso

El primer corazón en esta historia es el de los ladrones, quienes sin importar qué le sucede a su próxima víctima, buscan tener lo que el otro posee. El gran problema es que el método utilizado no tiene importancia con tal de obtener el fin. Nadie puede lograr el objeto de su ambición sin un daño a un tercero. La ambición es el hijo mayor de la envidia. Cuando uno anhela lo que el otro tiene y cree que Dios es injusto al dárselo porque el otro no se lo merece y yo sí, eso es exactamente envidia. Esa es la primera señal de que posees un corazón ambicioso capaz de traicionar tus valores más altos para cumplir con la ambición.

LA AMBICIÓN ES EL HIJO MAYOR DE LA ENVIDIA.

Recuerdo a una joven que anhelaba tener novio, y estaba orando para que Dios enviara al hombre de sus sueños. Una tarde entró a mi oficina, y emocionada me dijo que había encontrado al amor de su vida, pero que para poder estar con él había un pequeño escollo que saltar: el joven se iba a casar en tres meses (con otra joven, lógicamente). ¿Te imaginas la oración de esta muchacha para que Dios cumpliera su deseo? "Señor, te pido que antes de los tres meses te la lleves a tu presencia, pero Padre, por favor, ¡que no sufra!".

Una joven que había guardado su virginidad, ahora se convertía en homicida virtual para que Dios cumpliera con su ambición de tener un novio específico. Rompió sus principios porque su ambición pudo más. Por eso me da miedo cuando conozco jóvenes que me dicen que ellos van a hacer cosas grandes para Dios. Pareciera no importarles cuál será el método para llegar, y ni siquiera piensan en el bienestar del prójimo o la opinión de Dios, sino en que ellos lograrán alcanzar su ambición personal a cualquier precio.

He visto en el mundo a muchos pastores multiplicar sus congregaciones con un crecimiento exponencial de creyentes de otras iglesias. Hablan de éxito y avivamiento, y son expertos en pescar en la pecera. Traen gente reconocida a sus iglesias y organizan congresos que promocionan para que otros creyentes de otras iglesias vengan a las de ellos, y no les importa la aprobación de Dios. Su importancia es que están logrando su ambición, que es el crecimiento numérico.

Otra historia se refiere a un adolescente que contó delante de 500 personas que Dios había hecho un milagro porque él no había estudiado para un examen por servir a Dios, y sin embargo había obtenido un 10 por medio de un milagro divino. Eso me llamó la atención, y lo cité para que me contara los detalles del milagro. Tal como suponía, para este joven el fin justificaba los medios. No había estudiado nada, pero delante de él se sentó el alumno más estudioso de la clase. Como ocurre frecuentemente, el muchacho estudioso terminó mucho antes, fue a entregar su examen y el profesor no se lo aceptó por no cumplir el horario estipulado. Al volver a su asiento con el examen en mano, vio la hoja en blanco de nuestro joven y, "movido a misericordia", le prestó su examen para que copiara los resultados. Esa fue la forma en que nuestro héroe cristiano sacó una nota excelente.

Tanto la jovencita en la búsqueda de su novio como el adolescente que no había estudiado fueron cegados por la ambición para llegar a cumplir sus sueños. Sus corazones traicionaron a sus convicciones.

El corazón de los ladrones en nosotros a veces está más cerca de lo que pensamos. Alguien me enseñó una fórmula para saber si mi corazón estaba contaminado por la ambición, y solamente debía contestar una pregunta para saberlo: ¿te pones contento cuando a alguien que conoces le fue mal en su proyecto? Si la respuesta es sí, necesitas replantearte tu motivación y pedirle a Dios por tu corazón.

¿TE PONES CONTENTO CUANDO A ALGUIEN QUE CONOCES LE FUE MAL EN SU PROYECTO?

El corazón egoísta

"Por casualidad, por el mismo camino pasaba un sacerdote judío. Al ver a aquel hombre, el sacerdote se hizo a un lado y siguió su camino. Luego pasó por ese lugar otro judío, que ayudaba en el culto del templo; cuando este otro vio al hombre, se hizo a un lado y siguió su camino" (Lucas 10:31-32, TLA).

Este segundo corazón es la descripción más cruel, pero realista, de aquellas personas que generalmente van a las iglesias o creen que son buenos porque no hacen mal a nadie. A la mayoría les va bien en la vida, tienen una linda familia, tienen éxito en sus proyectos, y hasta van a la iglesia y colaboran económicamente y con su tiempo para llevar adelante la obra. Sus canciones favoritas tienden a repetir "lléname", "bendíceme", "tócame". Todo termina en una acción de Dios hacia sus vidas. Entonces, cuando oran, vuelven a repetir la fórmula: "Te pido por mi casa, mi familia, mi estudio". Ellos se convierten en el centro del mundo, y hasta Dios mismo cumple la función de la lámpara de Aladino que frotan para que Él cumpla sus deseos. Pero ¿qué pasa cuando alguien les pide ayuda sorpresivamente y eso implica que sus planes cambien drásticamente? Casi con seguridad, siguen de largo porque están ocupados en que Dios siga bendiciéndolos.

Junto a mi esposa Lali recibí de parte de Dios un entrenamiento muy intenso para moldear nuestras vidas. Cuando nos casamos, decidimos ser familia de aquellos que no tuvieran la posibilidad. Todavía recuerdo que a la vuelta de la luna de miel permitimos que una compañera de Lali, golpeada por su pareja y hasta violentada sexualmente, viviera con nosotros. Por amor a Dios, la asistimos hasta que pudiera estar segura. Luego dispusimos una habitación en cada casa que tuvimos con mi esposa para chicas que hubieran padecido situaciones de abuso y violencia. Casi treinta jóvenes han vivido junto con nosotros y nuestros hijos; en ocasiones tuvimos hasta familias enteras viviendo en nuestro hogar.

Atravesamos dificultades muchas veces. Nos han robado y hasta nos han calumniado, pero nunca nos faltó una sola moneda para vivir, comer y pasarla muy bien. Mis hijos se criaron amando a otros, sabiendo que nuestra misión en la vida es compartir, y aprendieron que Dios se ocupa de prosperarnos y darnos todo lo necesario. Hoy, cada vez que alguna de ellas se une en matrimonio y forma su familia, lo primero que hace es preparar un lugar en su hogar para compartir con otros, y ayudar para que esos jóvenes puedan vivir la transformación que Dios hizo en sus propias vidas, copiando el modelo que vivieron con nuestra familia. En un próximo capítulo comparto en más detalle el alcance de esta obra de Dios.

Esta fue otra de las formas en que Dios fue moldeando nuestro corazón egoísta. Aprendimos a compartir lo poco que teníamos, a llorar, a reír, a abrazar, a soñar y a creer que si nuestro corazón egoísta se hacía añicos con nuestra vida diaria, seguramente seríamos más parecidos al buen samaritano que al corazón de los ladrones. El corazón egoísta muere cuando los ojos se fijan primero en el otro.

EL CORAZÓN EGOÍSTA MUERE CUANDO LOS OJOS SE FIJAN PRIMERO EN EL OTRO.

El corazón de dar

"Pero también pasó por allí un extranjero, de la región de Samaria, y al ver a aquel hombre tirado en el suelo, le tuvo compasión. Se acercó, sanó sus heridas con vino y aceite, y le puso vendas. Lo subió sobre su burro, lo llevó a un

pequeño hotel y allí lo cuidó. Al día siguiente, el extranjero le dio dinero al encargado de la posada y le dijo: "Cuídeme bien a este hombre. Si el dinero que le dejo no alcanza para todos los gastos, a mi regreso yo le pagaré lo que falte" (Lucas 10:33-35, TLA).

El tercer corazón es el que va a mostrar la vida de un extranjero, dando el ejemplo de cómo dar sin interesarle recibir alguna recompensa, sino simplemente ver en la otra persona a Dios mismo, que nos da la oportunidad de mostrar cuánto lo amamos. Como en el caso del samaritano, tal vez quienes no van a una iglesia como la nuestra nos enseñan ejemplos prácticos de cómo amar sin esperar nada a cambio. Por eso elegí una historia que me conmovió hace años.

Una mujer decidió servir a Dios, y debido a su creencia se internó en un convento donde pensó servirle hasta su muerte. Pero un día al salir del convento, vio a un hombre leproso pedirle ayuda, comida y agua. Cuando lo vio, algo conmovió su corazón y nunca más volvió a ser la misma; había encontrado el propósito en su vida. Por lo tanto, le pidió permiso a su madre superiora para dedicarse a servir fuera del convento, pero recibió una negativa debido a que ese tipo de monjas solo sirve dentro del convento. Esta mujer insistió hasta que llegó a las máximas autoridades de su credo, y fue autorizada a servir a los más necesitados de esa nación. Estoy seguro de que la mayoría de los lectores de este libro han oído hablar de la Madre Teresa de Calcuta, fundadora de la orden Misioneras de la Caridad. No es conocida por sus libros, discursos o mega iglesias, sino reconocida por las obras que hizo.

NADIE SE COMPROMETE PLENAMENTE HASTA NO DEDICAR DE SU TIEMPO Y SU DINERO.

Un samaritano representaba para los judíos un enemigo. Sin embargo, fue el único que comprometió su tiempo, su vida y aun su dinero por un desconocido. Alguien me enseñó que nadie se compromete plenamente hasta no dedicar de su tiempo y su dinero. Pasado el tiempo, entendí que el ejemplo del samaritano implica esos dos puntos. La persona más rica del mundo no es la que tiene más sino la que da más, porque aprendió el secreto de la multiplicación.

He visto a grandes hombres de Dios correr tras la ambición del dinero y las posesiones; peor aún, enseñando a multitudes que correr tras esa ambición es un plan divino. La ambición de ser famoso consume a otros, que gastan miles de dólares en tener más seguidores en las redes sociales. Ellos son los que dicen haber llegado cerca de Dios, pero lo único que hacen es satisfacer apetitos tan carnales como un novato cristiano.

Aunque es muy triste, alguno de los tres corazones dirigirá tus acciones, y deberás elegir el corazón con el que vivirás los próximos años de tu vida. Tal vez elijas tener una linda familia, ser un buen padre o un buen empleado, pero tu corazón egoísta todavía no te dejará ver al prójimo, y solo será una carga cada vez que leas un artículo o alguien te hable de dar al otro sin importar recibir nada de parte de Dios. O tal vez finalmente disfrutes la bendición de dar. El secreto de la felicidad es diseñar nuestra vida y nuestras acciones en servicio a los demás.

EL SECRETO DE LA FELICIDAD ES DISEÑAR NUESTRA VIDA Y NUESTRAS ACCIONES EN SERVICIO A LOS DEMÁS.

Dice un líder muy admirado por mí: "Dar es ser una posibilidad para los demás". Cada vez que uno da, planta una semilla de amor en el corazón de otras personas y obtiene como frutos amor, paz y una inmensa gratitud.

Si tu propósito en la vida es servir a los demás, entonces tendrás el éxito asegurado, y tu entrega a Dios será total.

CAPÍTULO 4

¡GUERRERO! NUNCA, NUNCA, NUNCA TE RINDAS

Si algún día tienes la bendición de visitarme en mi oficina en Buenos Aires, podrás ver detrás de mí un cartel que cita al Primer Ministro inglés Sir Winston Churchill, que al dar un discurso a su ejército casi derrotado ante la Alemania nazi, repitió: "¡Nunca, nunca, nunca te rindas!".

Cuando te dispones a luchar por una misión que es más grande que tu propia vida, no te rendirás ante las circunstancias, no te rendirás aunque no tengas más fuerzas, ni te rendirás aunque el enemigo te rodee. No te rendirás, ¡porque todavía falta que Dios pelee por ti!

¿Por qué guerrero?

Durante años, mi abuela Gertrudis me enseñó una canción: "Somos soldaditos, siervos del Señor". Con mucha alegría la repetí durante años y luego la enseñé a mis alumnitos en la iglesia. Pero ya crecido, me tocó estar en la milicia y fue una época muy difícil en mi vida, aunque al mismo tiempo me afirmó en la fe, y mi llamado a pastorear fue confirmado en una noche de lluvia en medio del campo. En aquel ejército, aprendí la gran diferencia entre soldado y guerrero.

Soldado es aquel que se inscribe en el ejército, se entrena, usa un uniforme y se prepara para la guerra. Un guerrero es alguien que estuvo en el frente y escuchó el rugir de una batalla; alguien que puso en juego su vida, sus sueños y su futuro. Recuerdo que estando yo en el ejército hubo un problema con otro país, y un temblor recorrió mi cuerpo al pensar que podría entrar en batalla en poco tiempo. Entendí que ser soldado nada tiene que ver con ser guerrero.

Un periodista muy reconocido en Argentina me preguntó por qué usar un nombre tan bélico como *Jesus Warriors* para nombrar un grupo de jóvenes que desea llevar paz a las vidas. Le respondí que evidentemente, él no sabía que para rescatar a jóvenes de cárceles, adicciones y lugares peligrosos se necesita un corazón guerrero, ya que todo lo que tienes está en juego por amor a otros, hasta la propia vida.

Ocurrió que semanas después fui junto con Lali y Nachu, mi hijo mayor, a la cárcel de máxima seguridad en Buenos Aires. Sus directores me habían visto en una nota de una revista explicando el trabajo que realizábamos con gente marginada y los eventos juveniles. Recuerdo que llegamos al mediodía, nos recibieron los pastores de la iglesia carcelaria, y todo era alegría y expectativa de lo que Dios haría a las 3:00 de la tarde junto a más de 500 reclusos. Entramos con Lali, Nachu de cinco años, los pastores y hermanos de la iglesia carcelaria. Al pasar por los patios compartidos, sentimos cómo cientos de peligrosos presos nos miraban y algunos hasta gritaban al vernos caminar por allí, pero nosotros solo creímos que era una prueba más que se nos estaba presentando.

Ese sábado tuvimos noventa minutos de la más gloriosa experiencia de libertad y alabanza con gente condenada a morir encarcelada. Nada podrá quitarme la imagen de mi hijo Nachu jugando en los brazos de aquellos presos, siendo un bálsamo divino para muchos que no verían a sus hijos crecer. Exactamente siete días después a las 3:30 de la tarde se produjo en ese lugar una sublevación de cientos de presos que mantuvo a Argentina en vilo. Las noticias del motín eran escalofriantes: toma de rehenes, presos que resultaron muertos, descuartizados y hasta incinerados en el horno de la panadería. Los presos cristianos se encerraron para evitar estar en el incidente, pero a fuerza de machetes y cuchillos los obligaron a realizar túneles de escape, y muchos murieron por su fe. Al cabo de ocho días finalizó la pesadilla, considerada uno de los motines más sangrientos en la historia penitenciaria de nuestro país. Esto nos marcó la vida, al recordar la protección de Dios frente a esos ojos que nos miraron en los patios compartidos y que ya tenían planeada la masacre que se produciría siete días después.

UN GUERRERO ES ALGUIEN QUE ESTÁ DISPUESTO A SACRIFICAR SU VIDA PARA QUE OTROS ENCUENTREN LA VIDA EN JESÚS.

Jesus Warriors no es un nombre lindo para impactar a la Iglesia joven. Es un estilo de vida de un guerrero que se la juega por lo que cree, que sale a las calles en busca de alguien que necesite amor, y se atreve a moverse de su lugar de comodidad para ser usado por Dios. Un guerrero es alguien que está dispuesto a sacrificar su vida para que otros encuentren la vida en Jesús.

Dios usa a desconocidos

¿Cuántos seguidores tienes en *Facebook?* ¿Y en *Twitter?* Parece que la eficacia en el ministerio hoy día se basa en la cantidad de seguidores en las redes sociales. Si fuera por eso, lamentablemente yo debería renunciar a los proyectos de evangelización *One World* o *Jesus Fest* que movilizaron a miles de personas en Argentina y el mundo. Me da mucha pena ver a los principales líderes invirtiendo miles de dólares en sus redes sociales para que, al medirse contra otros, se encuentren bien posicionados. Recuerdo a alguien que quería llegar a su millón de seguidores y estaba dispuesto a pagar lo que fuera para lograr el objetivo, pues otros líderes ya estaban en tres millones. Así fue que antes de fin de año, luego de invertir algunos miles de dólares, llegó a su primer millón, ¡y dio la gloria a Dios! Si tú eres de los que apenas tienen unos miles de amigos, pero tu corazón sigue latiendo por haber conocido a Jesús, te doy la bienvenida al club de los desconocidos que invertimos nuestro dinero y tiempo en hacer famoso a Jesús en las vidas de los demás.

SI TÚ ERES DE LOS QUE APENAS TIENEN UNOS MILES DE AMIGOS, PERO TU CORAZÓN SIGUE LATIENDO POR HABER CONOCIDO A JESÚS, TE DOY LA BIENVENIDA AL CLUB DE LOS DESCONOCIDOS.

Si nuestro personaje de este capítulo se hubiera ocupado en ser famoso, nunca tendría que haber cumplido su misión, porque casi con seguridad tú no lo conoces y podría ser que tu pastor tampoco. Antes de decirte el nombre te contaré que durante años escuché hablar de lo destructivo que resultaba enfrentarse al espíritu de Jezabel dentro de una congregación. Se referían a Jezabel como un espíritu de seducción que engaña a pastores y líderes sacándolos de la visión de Dios. Pero ¿quién fue Jezabel? Fue una mujer que se casó con el rey Acab y logró desviar la adoración del pueblo judío hacia dioses paganos. Por ejemplo, la diosa Astarot, entre sus rituales, permitía tener relaciones sexuales con sus sacerdotisas como un acto de adoración a la diosa de la fertilidad. Increíblemente, logró que el pueblo judío dejara de adorar al único Dios para inclinar su corazón a dioses que quebraban su moralidad y sus valores para encender sus pasiones más bajas y humanas. Jezabel era la principal sacerdotisa de este culto.

Elías no, Eliseo tampoco. Alguien totalmente desconocido tomaría en sus manos el destino de una nación. Después de que Elías fallara en la batalla más importante de su vida y Eliseo no llegara a comprender el alcance de su ministerio en la restauración de la adoración al único Dios, Jehú fue elegido como el líder que pondría fin a la vida de la enemiga número uno de Israel: la mismísima Jezabel.

¿Qué pasó con Elías? Antes de enumerar las virtudes en la vida de Jehú, haremos un repaso de por qué Elías, con toda su fama, no pudo enfrentarse a Jezabel. Elías vive una gran batalla cuando en el Monte Carmelo debe enfrentarse a 450 profetas de Baal. Elías se atreve a jugarse la propia vida para que el corazón de su pueblo se vuelva a Dios. En un desafío de vida o muerte, declara que el Dios verdadero será el que haga llover fuego del cielo. El primer turno fue para los profetas de Baal, y aunque lo intentaron durante horas, nada sucedió. En cambio Elías, luego de una breve oración, junto a una multitud y con los sacerdotes de testigos, ve caer una lluvia de fuego sobre la ofrenda. Así termina en ese momento con el culto a Baal, comenzando con la muerte de los 450 profetas y con todo el apoyo del pueblo.

Solo faltaba un paso para cumplir con el propósito en su vida: terminar con la vida de la malvada Jezabel. Pero sucedió que ella lo amenazó de muerte, y a pesar de haberse enfrentado públicamente a los principales sacerdotes, Elías se refugia en una cueva, muy deprimido, casi dudando de la existencia de Dios. Cuando nos enfrentamos a una circunstancia límite, se ponen a prueba nuestras convicciones. El miedo puede paralizarte y hacerte retroceder varios pasos. Eliseo vive circunstancias diferentes. Recibe una unción de parte de Elías, pero nunca llega a entender su misión fuera del ámbito religioso. Su ministerio termina cuando no se atreve a ir en persona a ungir a Jehú por miedo a su propia muerte (en esto se parece a Elías). Por eso Dios también lo desecha. Aunque la fama de Elías y Eliseo eclipsa totalmente a Jehú, Dios decide usar a un desconocido para terminar con el enemigo número uno de la verdadera adoración a Dios: Jezabel.

CUANDO NOS ENFRENTAMOS A UNA CIRCUNSTANCIA LÍMITE, SE PONEN A PRUEBA NUESTRAS CONVICCIONES.

Jehú, el elegido

Para saber por qué Dios prefirió a Jehú, nos detendremos en las características más sobresalientes de hombres de todos los tiempos. Así conocemos de cerca el método de Dios en hacer su obra con los pequeños, indefensos, desconocidos y olvidados de la Biblia. No se trata de un golpe de suerte. Muchos desean que un congreso o la oración de un hombre poderoso de Dios cambien el destino de su vida. Casi estoy seguro de que la mayoría de los cristianos no se dan cuenta de que Dios no cree en los golpes de suerte. Él trata con seres humanos y moldea a los hombres por medio de procesos que comienzan desde los nueve meses de gestación, llevándolos si es necesario, a vivir cuarenta años en un desierto, a atravesar una enfermedad o una muerte, o a algo que los enfrente cara a cara con Dios y les enseñe a escuchar su voz.

Jehú era uno de los príncipes de Israel. No era un improvisado, entrenaba cada día, había estudiado y se había preparado para la batalla. Había aprendido su lealtad a sus superiores para ser fiel al general de los ejércitos de Jehová antes que a los hombres. Su vida estaba orientada hacia la libertad de su nación, a luchar contra los enemigos del Dios verdadero. Dispuesto y disponible para que Dios lo use son las dos condiciones básicas de un hombre en el servicio a Dios. Dispuesto porque es capaz de dar su vida por lo que cree, porque está preparado para dejar su vida por solo una batalla. Disponible porque en el mismo momento que Dios lo llame, dirá: "Heme aquí". El hombre sin excusas es el que Dios busca para liderar una nación. Las excusas son el cementerio de los valientes, de los que pudieran haber sido, y te conducen a desiertos de cuarenta años dando vueltas sin encontrar el propósito.

LAS EXCUSAS SON EL CEMENTERIO DE LOS VALIENTES, DE LOS QUE PUDIERAN HABER SIDO.

Cuando la vida está en juego

"Cuando llegues allá, verás allí a Jehú hijo de Josafat hijo de Nimsi; y entrando, haz que se levante de entre sus hermanos..." (2 Reyes 9:2, RVR-1960). *"Cuando él entró, he aquí los príncipes del ejército que estaban sentados. Y él dijo: Príncipe, una palabra tengo que decirte. Jehú dijo: ¿A cuál de todos nosotros? Y él dijo: A ti, príncipe. Y él se*

levantó, y entró en casa; y el otro derramó el aceite sobre su cabeza, y le dijo: Así dijo Jehová Dios de Israel: Yo te he ungido por rey sobre Israel, pueblo de Jehová" (2 Reyes 9:5-6, RVR1960). Cuando todo lo que eres, tienes y piensas se pone en juego, es cuando afloran tus convicciones, o mejor dicho, de qué material estás hecho. Cuando te enfrentas a circunstancias adversas donde te quedas solo en tu habitación, es cuando te derrumbas o decides encarar lo desconocido tomado de la mano de Dios. ¡Ahí te das cuenta de que delante de ti está la oportunidad de tu vida!

Jehú entendió que Dios lo había ungido para terminar con el reinado de Jezabel y sus hijos. *"Herirás la casa de Acab tu señor, para que yo vengue la sangre de mis siervos los profetas, y la sangre de todos los siervos de Jehová, de la mano de Jezabel"* (2 Reyes 9:7, RVR1960). Lo que realmente estaba sucediendo es que Jehú era el comandante de una sublevación militar y que partía en dos al pueblo de Israel. Cada vez que un avivamiento llegue a una nación, partirá en dos a las personas: las que quieren que todo siga igual y las que ven a Dios en ese nuevo mover.

Jehú debe enfrentarse al primer escollo: los amigos, los cercanos y la familia. *"Después salió Jehú a los siervos de su señor, y le dijeron: ¿Hay paz? ¿Para qué vino a ti aquel loco? Y él les dijo: Vosotros conocéis al hombre y sus palabras"* (2 Reyes 9:11, RVR1960)". Una pregunta que debemos considerar es: ¿hay paz?, ya que las decisiones en la vida generan una cierta idea de beligerancia o guerra, y romper con lo establecido no es fácil. En primer lugar, los que tenemos cerca no creen lo que nos ha sucedido, pues somos los mismos, pero ahora en la misión de Dios. Recuerdo que cuando Dios me llamó, comencé a colaborar en campañas de Carlos Annacondia[1], ayudando a mi pastor. Con veinte años de edad me quedaba hasta la madrugada en noches heladas y volvía bastante cansado luego de haber orado por liberación.

Mi madre, que no estaba de acuerdo con esos métodos, en lugar de estar feliz y orgullosa de mí solo me regañaba por los horarios de llegada y otras cosas pequeñas. ¡Parecía que los demonios que había sacado en la carpa se hubieran metido en ella! ¿Hay paz? Si te quedas quieto como estabas viviendo, todo seguirá igual, pero si decides revolucionar el mundo, te debes enfrentar a veces incluso a tu propia familia o amigos. Hace poco, un amigo me dijo que lamentaba las decisiones que yo había tomado, ya que yo había decidido cambiar el mundo, pero había perdido a mis amigos. En un principio me dolió, mas luego pensé que solo me alejé de él porque dejó a Jesús hace unos cuantos años y elegí tener amigos que lo sigan a Él. Y elegí tener cientos de amigos en el mundo que luchan por llevar el amor de Dios fuera de los templos.

SI TE QUEDAS QUIETO COMO ESTABAS VIVIENDO, TODO SEGUIRÁ IGUAL, PERO SI DECIDES REVOLUCIONAR EL MUNDO, TE DEBES ENFRENTAR A VECES INCLUSO A TU PROPIA FAMILIA O AMIGOS.

Una vez que superas a los cercanos, deberás enfrentarte al mundo preguntándote: ¿Hay paz? *"Y el atalaya que estaba en la torre de Jezreel vio la tropa de Jehú que venía, y dijo: Veo una tropa. Y Joram dijo: Ordena a un jinete que vaya a reconocerlos, y les diga: ¿Hay paz? Fue, pues, el jinete a reconocerlos, y dijo: El rey dice así: ¿Hay paz? Y Jehú le dijo: ¿Qué tienes tú que ver con la paz? Vuélvete conmigo. El atalaya dio luego aviso, diciendo: El mensajero llegó hasta ellos, y no vuelve. Entonces envió otro jinete, el cual llegando a ellos, dijo: El rey dice así: ¿Hay paz? Y Jehú respondió: ¿Qué tienes tú que ver con la paz? Vuélvete conmigo"* (2 Reyes 9:17-19).

Cuando estás dispuesto a dar todo por lo que crees, conoces la verdadera dimensión del enemigo y de lo que es capaz de hacer si te atreves a encararlo. Cuando comenzamos con *Jesus Warriors*, para el primer evento recorrimos decenas de iglesias en Buenos Aires para mostrar un anticipo de lo que sería el primer mega evento evangelístico *12/12* (hoy *Jesus Fest*). Me acompañaban de diez a quince adolescentes que bailaban *hip-hop* y mostraban una nueva manera de evangelismo.

Luego de uno de esos sábados, una adolescente de catorce años comenzó a sentirse mal y tras doce horas falleció. Recuerdo que salí corriendo al hospital, y al llegar a cuidados intensivos les dije a los padres que salieran porque ella iba a resucitar. Oré entre diez y quince minutos para que se levantara, pero nada sucedió. Por lo tanto, me enojé mucho con Dios. No entendí cómo una adolescente que lideraba casi cuarenta niños en una escuelita de *hip-hop* y que además les proporcionaba comida debido a su situación económica, ahora debía irse de este mundo. ¿Por qué? ¿Para qué? La respuesta comenzó cuatro días después, cuando su mami me regaló la camiseta que le pertenecía a Jessica y me dijo: "Cuando vaya por todo el mundo predicando, dígales que la muerte de Jessica no fue en vano". Hasta el día de hoy conservo esa camiseta, y cada vez que predico acerca de Jehú muestro la camiseta de Jessica, que ha recorrido más de veinte países en el mundo. Esta lección marcó mi vida para siempre, y aprendí que pase lo que pase, debemos continuar cumpliendo nuestro propósito hasta las últimas consecuencias.

¡No hay paz con el enemigo! No hacemos las paces, nos han difamado, nos han amenazado, han menospreciado nuestra tarea. Eso no nos detiene, sino que hemos aprendido a fortalecernos y hasta a dar gracias a Dios por cada enemigo que se levanta para poner a prueba nuestra fe.

Pasos para matar a Jezabel en tu vida

Este sería el título ideal para la mayoría de los cristianos: una receta mágica que nos diga cómo enfrentarnos al enemigo número uno en la vida de una persona o de la iglesia. *"Vino después Jehú a Jezreel; y cuando Jezabel lo oyó, se pintó los ojos con antimonio, y atavió su cabeza, y se asomó a una ventana. Y cuando entraba Jehú por la puerta, ella dijo: ¿Sucedió bien a Zimri, que mató a su señor? Alzando él entonces su rostro hacia la ventana, dijo: ¿Quién está conmigo? ¿Quién? Y se inclinaron hacia él dos o tres eunucos. Y él les dijo: Echadla abajo. Y ellos la echaron; y parte de su sangre salpicó en la pared, y en los caballos; y él la atropelló. Entró luego, y después que comió y bebió, dijo: Id ahora a ver a aquella maldita, y sepultadla, pues es hija de rey. Pero cuando fueron para sepultarla, no hallaron de ella más que la calavera, y los pies, y las palmas de las manos. Y volvieron, y se lo dijeron. Y él dijo: Esta es la palabra de Dios, la cual él habló por medio de su siervo Elías tisbita, diciendo: En la heredad de Jezreel comerán los perros las carnes de Jezabel, y el cuerpo de Jezabel será como estiércol sobre la faz de la tierra en la heredad de Jezreel, de manera que nadie pueda decir: Esta es Jezabel"* (2 Reyes 9:30-37, RVR1960). Jehú nos da dos o tres principios que dejan claro el camino para un conquistador:

- Cuando tomes decisiones, nunca quedes a mitad de camino. Ve hasta el final del viaje. La duda te llevará a no terminar la misión; no estarás ni en una orilla, ni en la otra.

CUANDO TOMES DECISIONES, NUNCA QUEDES A MITAD DE CAMINO. VE HASTA EL FINAL DEL VIAJE.

- Con el pecado no se negocia. Jehú no negoció con Jezabel. Aunque duela o muchos queden en el camino, debes decidir por el bien de la mayoría, ya que el final de la historia será la bendición de Dios sobre tu generación.

- No necesitas reconocimiento o fama para realizar la tarea. Solo necesitas comprometerte con la misión: tu tiempo, tus sueños, tu vida al servicio de tu misión.

"... y el marchar del que viene es como el marchar de Jehú hijo de Nimsi, porque viene impetuosamente" (2 Reyes 9:20, RVR1960).

Cuando caminas hacia la meta, tu marchar será impetuoso ante el enemigo. Por eso nos llamamos *Jesus Warriors*. Nuestras vidas tienen menos valor y estamos dispuestos a ver a los travestis y prostitutas a los pies de Jesús. Aunque la mayoría critique el método que tenemos de hacerlo, iremos a buscar a los artistas más escandalosos para hablarles de Jesús y hasta oraremos por los políticos que nos pidan oración. Jesús se hubiera sacado un *selfie* con ellos, ¡y hubiera publicado que todavía hay lugar para pecadores y publicanos en su Reino!

Mientras muchos dan conferencias sobre cómo hacerlo, nosotros lo hacemos.

Jesus Warriors: el fin de las palabras, el comienzo de la acción.

CAPÍTULO 5

HASER: SER O NO SER

SÉ LO QUE DIOS QUIERE QUE SEAS PARA HACER LO QUE DIOS QUIERE QUE HAGAS

Uno de los grandes desafíos de la humanidad es poder realizar aquellas cosas que dice, proclama o escribe. Pareciera que hay un abismo profundo y oscuro que muy pocos se atreven a cruzar porque hay que pagar un alto precio para lograrlo. Aunque esto solo es el primer paso para aquellas personas que se atreven a levantar la bandera de una trasformación en una sociedad, realizar algo debe ser el fruto de lo que realmente somos por dentro. Cuando esto no sucede, debemos volver a revisar nuestras motivaciones y nuestro corazón.

REALIZAR ALGO DEBE SER EL FRUTO DE LO QUE REALMENTE SOMOS POR DENTRO.

Para esto quiero compartir una historia. Me imagino al rey David diez minutos después de que Betsabé le dio la noticia de que, luego de aquella tarde oscura de lujuria, ella había quedado embarazada. Ahora todo lo que había hecho en la oscuridad iba a salir a la luz, y lo que es peor, todos sus mensajes y escritos sobre la integridad quedarían sepultados por sus hechos. Se habrá hecho preguntas como: ¿Por qué lo hice? ¿Y ahora cómo hago para que nadie lo sepa? ¿Y si abortamos? ¿Y si hago que el marido tenga relaciones con ella? ¿Y si el marido muere en batalla accidentalmente y la tomo como esposa?

Intentar tapar un error con otro error solo te llevará a un abismo y a una caída en espiral de la que será imposible salir. Es justamente en los momentos extremos, en los momentos más difíciles en la vida, cuando se muestra quiénes somos y de qué material estamos hechos.

CUANDO EL DIABLO NO PUEDE DETENERTE, TE EMPUJA PARA QUE TE ACELERES Y CREAS QUE PUEDES LOGRAR TUS SUEÑOS CON DIOS O SIN ÉL.

El rey David era el modelo a seguir; sus hazañas habían cautivado a una nación. Poesías, canciones y escritos hablaban de una vida tan cerca de Dios, que cualquiera aseguraba que la presencia misma del Altísimo caminaba junto al rey por los jardines. David comenzó a ser admirado por las personas cercanas y ajenas, por ser un hombre que lograba cada cosa que se proponía. El problema es que cuando el diablo no puede detenerte, te empuja para que te aceleres y creas que puedes lograr tus sueños con Dios o sin Él. Todos iban a consultarle sobre cómo dirimir sus problemas, escribía libros, daba conferencias y la gente lo aplaudía de pie, con lo que poco a poco se fue alejando de la fuente original, aquella que le permitió encarar y derrotar a osos, leones y hasta al mismísimo Goliat. Se enamoró más de las victorias y las conquistas que del hacedor y gestor de las mismas: Dios.

Cuando una persona olvida quién es debido a que sus acciones toman el primer plano en su vida y se tornan más importantes que el propósito original, es muy probable que en poco tiempo caiga en algún pecado muy grosero que será su ruina.

Me atrevo a compartirte brevemente tres historias que viví personalmente, para ilustrarte que nuestra identidad debe estar basada en lo que somos y no en lo que hacemos.

Historia 1: Doble vida

Yo tuve una secretaria que había crecido en Dios y se había guardado toda su vida para el hombre que la acompañaría en su hermoso ministerio. Luego de varios años de oración, vino a mi oficina a contarme que había conocido a un profesor en un seminario de música, primera voz de la iglesia más grande en Buenos Aires. Había comenzado a orar, ya que ella creía firmemente que el noviazgo era la antesala al matrimonio. Él sería su príncipe azul, y así fue creciendo la relación hasta que se convirtió en su futuro esposo. Repentinamente, la salud del muchacho desmejoró, y debido a su vieja vida, la prueba del VIH resultó positiva y el médico le pronosticó solo dos días de vida.

Todavía recuerdo a esa joven destrozada por la situación. Sus gritos desesperados me conmovieron y, al acercarme a abrazarla, una noticia más terrible me esperaba. Con un mar de lágrimas en su rostro ella me confesó que no lloraba solamente por su salud, sino porque hacía solo horas el muchacho le confesó que aquella vieja vida homosexual ahora la desarrollaba dentro de la iglesia, no solo con un hombre, sino con dos. El muchacho no quería ir al infierno, y aunque ocultó su conducta durante más de diez años, precisaba confesarlo antes de morir. A las 48 horas, falleció. La joven dejó al Señor hasta la fecha. Nunca pudo entender cómo un hombre que grabó un CD, recorrió el país, y cantó frente a miles de personas podía ocultar una doble vida. Muchos ocultan su interior y lo visten de acciones que parecieran santas y puras, pero la cruda realidad dice que una persona es lo que es cuando está sola.

"Yo sé que tú amas la verdad en lo íntimo; en lo secreto me has enseñado sabiduría" (Salmo 51:6). La verdad de una persona no es cuando se encienden las luces del *show* de la vida, sino cuando se apagan. Aunque sé que algunos de los lectores no estarán de acuerdo, parece que ni Dios puede salvar a aquellos que dicen ser sus profetas o enviados, pero que después de algunas victorias se olvidan de dónde los sacó Dios. Sin Dios no somos más que un instrumento que solo hace ruido. Dios está más interesado en conocer quién eres que en conocer lo que haces, ya que nunca será suficiente como para impresionarlo. Él es el Dios de siete mil millones de personas, y lo único que quiere es vivir en tu corazón.

Historia 2: Porno-unción

Hablando de impresionar a Dios, conocí a un jovencito al que Dios había dotado de una habilidad increíble para tocar el piano. Debido a este don, había recorrido casi todos los países de Latinoamérica, ejecutando en forma magistral este instrumento de manera tal que muchos comparaban la unción que era derramada con el momento en que David tocaba el arpa. Así lo conocí, y recuerdo que su corazón era amable y humilde. Nada haría suponer que había algo muy oscuro escondido en la intimidad de su ser. Era muy aplicado, cuidaba celosamente su computadora, y no dejaba que nadie la tocara o usara. Los amigos suponían que, al ser soltero, alguna joven en algún país del mundo le estaba escribiendo. Cuando se descuidó, uno de los jóvenes revisó las fotos de esa computadora, y para la sorpresa de todos, se encontró con innumerables fotos de pornografía infantil. Casi con lágrimas en los ojos le preguntamos qué le había pasado, y él dijo: "Hace años que lucho con esto, pero no puedo contárselo a nadie. A pesar de que he pedido perdón a Dios cientos de veces, vuelvo a caer una y otra vez".

Cuando creemos que hacer es más importante que ser, podemos ministrar santidad y nosotros vivir en el más miserable pecado. Querer mantener un personaje, un cargo, una trayectoria a costa de tu propia salud espiritual, generalmente termina en un problema público del que será muy difícil volver atrás. La pregunta es: ¿Cómo hago para detenerme? Lo primero que debes pensar es que al final del camino por el que vas, solo te esperan el fracaso y la tristeza de saber que tuviste una oportunidad de cambiar y no la aprovechaste. David en el Salmo 51 nos describe lo que experimenta una persona que se despoja de su personaje y se encuentra cara a cara con Dios. Por un momento te sientes desnudo, fracasado, indefenso.

CUANDO CREEMOS QUE HACER ES MÁS IMPORTANTE QUE SER, PODEMOS MINISTRAR SANTIDAD Y NOSOTROS VIVIR EN EL MÁS MISERABLE PECADO.

"Ten piedad de mí, oh Dios, conforme a tu misericordia; Conforme a la multitud de tus piedades borra mis rebeliones, Lávame más y más de mi maldad, Y límpiame de mi pecado... Crea en mí, oh Dios, un corazón limpio, renueva un espíritu recto dentro de mí. No me eches de delante de ti, y no quites de mí tu santo Espíritu. Vuélveme el gozo de tu salvación, y espíritu noble me sustente..." (Salmos 51:1-2, 10-12, RVR 1960).

Tú te preguntarás: ¿Cómo sabía él lo que se experimenta? Porque lo tuvo que vivir varias veces y aprender que lo importante no es lo que uno hace, si no lo que uno es. *"No todo el que me dice: "Señor, Señor", entrará en el reino de los cielos, sino sólo el que hace la voluntad de mi Padre que está en el cielo. Muchos me dirán en aquel día: "Señor, Señor, ¿no profetizamos en tu nombre, y en tu nombre expulsamos demonios e hicimos muchos milagros? Entonces les diré claramente: "Jamás los conocí. ¡Aléjense de mí, hacedores de maldad!"* (Mateo 7: 21-23).

Una tarde me miré al espejo y me pregunté quién era yo. La Biblia dice que en el cielo seremos conocidos como fuimos conocidos en la tierra. ¿Y entonces? La respuesta fue "eres lo que eres cuando te encuentras absolutamente solo". Empecé a temblar, porque lo peor de mí aflora cuando estoy solo. Tomé conciencia de que no podía seguir así y empecé una búsqueda desesperada de Dios. Recién empezaba mi pastorado, y estaba sometido a mil actividades en una gran iglesia de doce personas que junto con mi trabajo secular no me dejaban ver mi interior tal como Dios lo veía. Por eso me comprometí a buscar a Dios hasta volver a experimentar su presencia en cada instante de mi vida.

ERES LO QUE ERES CUANDO TE ENCUENTRAS ABSOLUTAMENTE SOLO.

Una noche fui a una conferencia donde iba a estar un predicador que hablaría de la santidad. Con gran alegría para mí, fui ubicado en la silla detrás de él y le dije a Dios que quería recibir todo lo que le había dado a ese hombre. Claro que eso lo hice sin medir las consecuencias, y desde que empezó a hablar, parecía que hablaba solo para mí. Entendí que Dios no es solamente un jefe, sino que es también mi amigo, debo relacionarme con Él y no tengo que tener secretos o cosas ocultas. Luego de la prédica comencé a temblar, y no me detuve durante catorce horas. Tanto temblaba, que hasta mi esposa me echó de la cama a la madrugada. Pero dentro de mí comenzó una transformación que no se detiene hasta hoy.

No mido más mis triunfos o victorias por los cuentos o logros palpables, sino por cuán profunda es mi relación con Dios. Esto me hace fuerte por dentro y me da una clara identidad de quién soy para enfrentarme a cada desafío. Aprendí que haga lo que haga, todo será pequeño al lado de lo que Dios hace. A partir de ese día, priorizo ser cristiano haciendo cosas simples como estar cada día con Él, pedir perdón, escucharlo y darle gracias. Finalmente, esa relación es lo único que quedará en la eternidad entre Él y yo.

APRENDÍ QUE HAGA LO QUE HAGA, TODO SERÁ PEQUEÑO AL LADO DE LO QUE DIOS HACE.

Historia 3: El éxito según Dios

Una de la trampas favoritas del enemigo es hacerte sentir importante, imprescindible, casi como si el avance del evangelio dependiera de ti. ¿Qué sería del evangelio juvenil sin Ale Gómez? El diablo te hará creer que todo gira alrededor tuyo, o que eres fundamental para el avance de la humanidad. No creo que este pecado sea exclusividad de los argentinos. La clave es que si crees que Dios te valora por tu éxito humano, tus logros, templos, congresos, recitales y libros, estás totalmente perdido. Tu corazón se extravía tras el éxito y pierdes de vista el propósito. Hasta tu propia escala de valores será afectada por la ambición humana, escondida bajo un manto de conquista divina.

Un empresario cristiano muy influyente me dijo un día que tenía que ocuparme un poco más de mi fama y de las cosas que estoy haciendo, porque es lo que la gente "sigue" y lo que la gente "compra" finalmente. Mi corazón se hace trizas con este tipo de personajes que dicen lo que el Espíritu Santo señala a las iglesias acerca de lo que será el éxito según su ley de *marketing*, y no según Dios. Entonces redoblé la apuesta: ahora comenzaremos con One World y haremos famoso a Jesús. Comenzamos a contactar con líderes juveniles de todo el mundo para que durante diez días contagiáramos el amor de Dios en las calles, y nadie fuera levantado sino Jesús. Ya pasaron cinco años de esa movida evangelística, y más de un millón de voluntarios se han sumado. Esto me ha servido para entender que el éxito, según Dios, no se trata de mi historia, sino de la historia de Él.

EL ÉXITO, SEGÚN DIOS, NO SE TRATA DE MI HISTORIA, SINO DE LA HISTORIA DE ÉL.

¿Exitoso o fiel?

Dios nos llamó a ser fieles, no exitosos. Es una de las frases más profundas que he escuchado en una charla íntima con uno de mis mejores amigos en el ministerio. Tal vez me chocó un poco al escucharlo la primera vez. Luego advertí que Dios la estaba inspirando y marcando a fuego mi corazón para indicarme el norte en el ministerio, y saber que se perderá otra generación si no permitimos a Dios que nos indique el verdadero propósito de la Iglesia.

Buscar el significado de "fiel" es una herramienta que ayuda a entender esta verdad. Fiel es la persona cuyas acciones no traicionan la confianza puesta en ella, es decir, cuyo comportamiento corresponde con lo que exigen de ella el amor, la amistad, la responsabilidad, y al vivirlo día a día en cada acción, da como resultado la fidelidad. La fidelidad es una idea que, en su nivel más abstracto, implica una conexión verdadera con una fuente. Su significado original está vinculado a la lealtad (de una persona para con un señor o un rey) y la atención al deber. La palabra fidelidad se deriva de la palabra latina *fidelitas*, y su significado es "servir a un dios".

En esta primera parte de la definición de fidelidad, uno debe tomar la primera decisión porque el camino se bifurca: solo se puede servir a un solo dios. O sirves al éxito, o eres fiel al Señor tu Dios. La manera de medir el éxito en cantidad de libros, estadios o personas que consumen un producto es una alteración grave del plan de Dios en cuanto a su éxito. Tal vez debamos dejar de escuchar a los predicadores del éxito cristiano para comenzar a escuchar misioneros olvidados, hombres que dejan su vida en granjas de rehabilitación, en hogares para niños y jóvenes en situación de riesgo, o en escuelas rurales. Ellos cambian el mundo desde el lugar donde Jesús estuvo, la calle, y no desde el púlpito fastuoso o un cómodo sillón mullido.

O SIRVES AL ÉXITO, O ERES FIEL AL SEÑOR TU DIOS.

Aún se puede ver que la fidelidad implica estar conectado a la verdadera fuente que es el verdadero Dios. La pregunta es: ¿a quién estamos conectados y qué es lo que anhela nuestro corazón? No te olvides, elegirás indefectiblemente a uno o al otro.

Ser o no ser: el éxito según Dios

El primer paso para ser exitoso es la confianza en uno mismo según la definición típicamente humana. Esta definición es, simplemente, el camino opuesto a la definición de éxito según Dios, cuyas condiciones indispensables son la confianza y la fidelidad.

El objeto del éxito cristiano es:

> Dios y no el hombre
> Su mensaje y no el nuestro
> Su unción y no la nuestra
> Su estrategia y no la nuestra
> Sus sueños y no los nuestros.

Nuestros sueños tienen que ver con torres de Babel que nos llevan a la más absurda confusión. La fidelidad es la capacidad espiritual, el poder o la virtud de dar cumplimiento a las promesas. Prometer es una acción soberana. Revela una gran soberanía de espíritu, ya que exige decidir hoy lo que se va a hacer en adelante, bajo condiciones que no se pueden prever. El que es fiel cumple la promesa a pesar de los cambios en las ideas, las convicciones y los sentimientos que pudiera provocar el paso del tiempo. El que cumple fielmente lo prometido, lo hace conscientemente y voluntariamente.

LA FIDELIDAD ES LA CAPACIDAD ESPIRITUAL, EL PODER O LA VIRTUD DE DAR CUMPLIMIENTO A LAS PROMESAS.

Hoy día los cristianos hemos cruzado la barrera, la mayoría cree que el éxito está relacionado con resultados numéricos (éxito según el hombre) y lo hemos santificado como el camino a la excelencia y el combate a la mediocridad cristiana. No te dejes engañar, pues siempre servirás a algún dios. La fidelidad a Dios consiste en cumplir el propósito al que fuimos llamados, aunque no esté de moda servir a los demás y evangelizar a los olvidados. Nuestro líder, Jesús, solo se dedicó a ellos, fue fiel a su propósito y todavía hoy hablamos de ese éxito según Dios.

El mundo será cambiado cuando renunciemos a admirar

modelos que se sustentan en el éxito humano como propósito final. Fielmente hagamos el trabajo para llenar los corazones con el mensaje de Jesucristo, y las naciones serán llenas de la gloria de Dios. Es el tiempo del fin de las palabras, el principio de la acción. Nace una generación de hacedores de historia que llevará a Jesucristo a las calles.

Las luces del *show* se apagan: ahora eres simplemente tú

La esencia de una persona la marcan sus momentos de soledad. Si por un momento creemos que somos lo que hacemos, somos como personajes dentro de una obra de teatro, y cuando se termina la función irremediablemente nos encontramos con nosotros mismos. ¿Por qué muchos líderes terminan en el fracaso absoluto? Porque creyeron que el propósito de Dios era convertirlos en un personaje casi divino en su obra. Y lo único que Dios desea es tener una relación íntima y personal con cada uno de sus hijos.

"No es que ya lo haya conseguido todo, o que ya sea perfecto. Sin embargo, sigo adelante esperando alcanzar aquello para lo cual Cristo Jesús me alcanzó a mí. Hermanos, no pienso que yo mismo lo haya logrado ya. Más bien, una cosa hago: olvidando lo que queda atrás y esforzándome por alcanzar lo que está delante, sigo avanzando hacia la meta para ganar el premio que Dios ofrece mediante su llamamiento celestial en Cristo Jesús" (Filipenses 3:12-14).

Estos versículos nos muestran el corazón perfecto de alguien que entiende que su identidad está en Dios, que todo comienza y termina en Él. No eres tú quien lo elige, sino su amor que te ha alcanzado debe ser la motivación principal para continuar esforzándote cada día para ser más parecido a Él. No eres una pieza terminada. Todavía en el proceso debes buscar la esencia en Dios lejos de las actividades que agobian, y entender que la prioridad es tu relación con Dios.

En esta vida vertiginosa no nos atrevemos a detenernos por un momento a buscar nuestra verdadera persona e identidad. Creo en realidad que tenemos pánico a detenernos para conocer el monstruo que habita en nuestro interior.

Luego de terminar un evento a la medianoche en un parque de diversiones, el Parque de la Costa, tuvimos que quedarnos con Lali por unos problemas que sucedieron, y me encontré a la 1:00 de la mañana limpiando el escenario principal junto a algunos jóvenes. Cuando miré el piso del evento, que hacía sesenta minutos explotaba de gente, color y alegría, solo había quedado basura, toneladas de basura. En ese momento, una voz interior me comenzó a hablar de la gloria del hombre como está escrito. *"Toda carne es como hierba, y toda la gloria del hombre como flor de la hierba. La hierba se seca, y la flor se cae; más la palabra del Señor permanece para siempre"* (1 Pedro 1:24-25, RVR1960). Me puse a llorar porque entendí que todo esfuerzo que hagamos se desvanece. Si Dios no está en ese lugar, en vano trabajamos. La gloria o la fama del hombre se marchitan como sucede con una flor que solo dura uno o dos días. Lo único duradero es tu relación con Dios y la vida eterna. Deja de alimentarte de la fama pasajera de este mundo y comienza a alimentarte de la presencia de Dios.

LO ÚNICO DURADERO ES TU RELACIÓN CON DIOS Y LA VIDA ETERNA.

Follow me o follow Jesus

La sociedad ha dado un giro muy brusco hacia el egocentrismo, ya que *Facebook*, *Twitter* y todas las redes sociales tienden a ser usadas para posicionar al hombre en el centro de la historia. Los jóvenes caminan hacia una locura de estar compartiendo sus vidas como un *reality* en tiempo real, y viven más pendientes de lo que sucede en sus redes que en su propia vida.

La vida de éxito en las redes sociales se produce si cada vez que publicas algo, las personas que te siguen marcan "me gusta", como si las decisiones de tu vida ahora dependieran de la opinión y la aprobación de otros. Casi en una carrera desenfrenada por ser conocido (en otros tiempos había otros métodos, aunque más lentos), esta generación busca seguidores a cualquier precio.

Recuerdo a un joven que me publicó "Sígueme que te sigo", y a otro joven que invirtió más de diez mil dólares para llegar a su primer millón de seguidores. Los dos buscan colocarse en una vidriera. ¿Hay algo malo en esto? Jesús también buscaba que lo siguieran.

Este es exactamente mi temor: que dejemos de decirles a las personas que sigan a Jesús y, aunque sea figuradamente, les digamos que nos sigan a nosotros.

Una persona dedicada al mercadeo cristiano me dijo que las personas de este tiempo siguen más a las personas que a los proyectos. Por eso debemos cambiar nuestra idea de cómo presentar a los predicadores. Desde entonces, cada vez que veo cómo un siervo de Dios presenta su nombre personal en lugar de la iglesia que pastorea o del proyecto que está llevando adelante, solo pienso en su corazón. A esto yo le llamo

PODEMOS CAER EN LA TENTACIÓN DE SANTIFICAR PECADOS DE ORGULLO CON LA EXCUSA DE LLEVAR EL MENSAJE DEL SEÑOR A LA HUMANIDAD.

el síndrome alegomez.com (esta página no existe, lógicamente). Muchos pastores han cambiado la página de su iglesia para utilizar su nombre propio. Y me hago una pregunta: cuando ellos mueran, ¿ya no habrá más iglesia? Tal vez algunos creen que serán eternos.

Es muy fácil confundir la gloria de Dios con la nuestra. Si no, pregúntale a Lucifer, que hasta se puso a la altura de Dios. Si no cuidamos nuestro corazón, estamos al borde del precipicio y podemos caer en la tentación de santificar pecados de orgullo con la excusa de llevar el mensaje del Señor a la humanidad.

Lo escribe un humilde servidor tentado a hacerlo una decena de veces.

CAPÍTULO 6

COMIENZA PEQUEÑO, ¡PERO COMIENZA YA!

Uno de los grandes problemas para desarrollar proyectos que bendigan a las personas y lleguen a impactarlas e influirlas, es creer que el tamaño debe ser la premisa del éxito de nuestro ministerio. Creer que el éxito depende de la cantidad de personas que coloquemos en el informe final no es el mejor camino. Jesús logró que muy pocos fueran los fieles al final de su vida, pero con ese pequeño grupo revolucionó al mundo. Un puñado de personas dispuestas a vivir y morir por una causa provocará cambios mucho más profundos que un estadio lleno de simpatizantes. Los grandes hombres de Dios son probados en pequeñas cosas para ver la fidelidad de su corazón. Los principios son pequeños para probar cuánto amor le tenemos a Él antes que a nuestro propio ministerio.

Alguien que entendía este concepto y que moldearía mi corazón joven fue mi pastor Edgardo Mancini[1]. Recuerdo que luego de una película muy fuerte que pasamos en la iglesia, dos jóvenes adictos pasaron al frente para recibir a Jesús, deseando que sus vidas cambiaran. El pastor me dijo: "Trabaja con ellos y llena tu primer estadio". No entendí mucho el significado de la frase hasta mucho tiempo después. Comencé a visitarlos, y me di cuenta de que al haberme criado dentro de la iglesia, no conocía nada del estilo de vida de aquellos jóvenes. No sabía cómo llegarles al corazón, no conocía sus necesidades ni su lenguaje, y tuve que hacer algo imprescindible para los que deseamos ayudar a otros: escuchar.

Escuchando aprendí otra manera de amar, y fue la primera lección que quedaría marcada en mi corazón. Ser escuchado es imprescindible para alguien que está atrapado en adicciones. Durante meses fui la sombra de esos jóvenes: fui su amigo, su consejero, los acompañaba con sus amigos para que no se drogaran o cometieran delitos, y los escuché mucho. Aprendí que cuando se trata de restaurar vidas y corazones heridos por su familia en primer lugar, se necesita mucho más que herramientas teóricas. Precisé invertir muchas horas para ganar su confianza, conocer su mundo y poder aplicar juntos los principios bíblicos que cambiarían definitivamente su conducta. Aunque es verdad que es casi imposible explicar el cambio que produce Dios en una vida, comencé a ver cómo, en un proceso parecido al de mis hijos, de gatear, caminar, hablar y correr, ellos comenzaban a dar sus primeros pasos en la vida espiritual. Luego de dos años de arduo trabajo, las vidas de sus familias también cambiaron, empezamos a compartir su historia con otros, y comenzaron a ser parte de la comunidad de fe.

LA DIMENSIÓN DE TU LOGRO NO ESTÁ EN LA CANTIDAD DE PERSONAS, SINO EN EL COMPROMISO PERSONAL DE INVERTIR TU VIDA EN OTROS.

Muchos se preguntarán: ¿pero solo dos personas en dos años? La dimensión de tu logro no está en la cantidad de personas, sino en el compromiso personal de invertir tu vida en otros. *"Es como un grano de mostaza: cuando se siembra en la tierra, es la semilla más pequeña que hay, pero una vez sembrada crece hasta convertirse en la más grande de las hortalizas, y echa ramas tan grandes que las aves pueden anidar bajo su sombra"* (Marcos 4:31-32). Tal cual lo expresa este pasaje, el Reino de Dios es una pequeña semilla de mostaza que se extiende hasta dimensiones desconocidas. Por eso, cada vez que siembres en una persona, hazlo como si ella fuera la única persona en el mundo a quien debes predicarle. Ocupa tu vida, tu tiempo y tu esfuerzo en verla crecer, y tal vez en unos años verás cómo cientos conocen a Jesús por medio de él o ella.

Si pretendes que Dios te use, deberás aprender que los comienzos siempre son pequeños, ya que el Reino de Dios se trata de una pequeña semilla que debe morir para convertirse en una gran planta que bendice a una multitud. Debes morir a ideas de grandeza humana o personal para entender que el más pequeño es el más grande. Como dice el tema de una canción, es el "Reino del revés". Si quieres ser parte de una trasformación, deberás aprender este principio.

Los amigos son la mejor estrategia

Las conquistas pequeñas suelen tener más valor de lo que puedes imaginar. Todos los grandes reformadores comenzaron por cambiar su entorno. La resistencia, la crítica y la adversidad en un entorno pequeño es el mejor entrenamiento para un gran líder.

Los que tenemos la responsabilidad de parte de Dios de realizar grandes movilizaciones sabemos que nada cambiará si no logramos reproducirnos en cada una de las personas para que ellas lleven a sus amigos el amor de Dios.

LA RESISTENCIA, LA CRÍTICA Y LA ADVERSIDAD EN UN ENTORNO PEQUEÑO ES EL MEJOR ENTRENAMIENTO PARA UN GRAN LÍDER.

Durante años serví en ministerios como el de Billy Graham o Luis Palau. Solo quería ser parte de esos esfuerzos para llevar el mensaje fuera de los templos. Me emocionaba mucho a la hora del llamado final cuando miles de personas, luego de orar, confesaban su fe levantando su mano, y caminaban hacia la plataforma. Por años imaginé que esos miles aceptaban a Cristo cada noche, hasta que en una oportunidad me encontré viendo los resultados por medio de las tarjetas, donde solo un pequeño porcentaje de personas había hecho una confesión de fe. Desde esa noche comencé a orar y a buscar una estrategia para que más vidas fueran cambiadas y cuidadas en los pasos sucesivos de su nueva vida. Y algo surgió en mi mente, algo que quedó marcado en mi corazón hasta el día de hoy: el mundo será ganado por los amigos.

Este es el motivo por el cual cada vez que hacemos una cruzada, no tenemos más estrategia que llegar a los corazones de los propios amigos de los asistentes. Muchos pastores me preguntan por qué no hay personas levantando datos de los jóvenes que participan en nuestras cruzadas. Les explico muy amablemente que si empezamos en lo pequeño con la estrategia de un amigo, seguro que tendremos mejores resultados al final. Además, sabemos que es muy difícil que un joven o adolescente comparta sus datos personales con un desconocido. Muchas veces queremos ver la multitud sin importarnos si en realidad hay un cambio de vida en la gente. Si queremos una multitud, debemos empezar por sus amigos.

Misión 1x1: comienzo pequeño 1

Misión 1x1 es el nombre que hemos dado a nuestra principal herramienta de evangelización. El éxito en cada uno de los eventos se debe a haber priorizado, sobre todas las cosas, que cada persona o joven que venga invite a un amigo.

Durante muchos años concurrí a cruzadas donde debíamos orar por diez amigos, y cuando llegaban los días de la cruzada, debíamos invitarlos. Eran tantos, que luego no invitaba a ninguno. Me pregunté por qué no lograba mi objetivo y, claro, si los diez hubieran aceptado, hubiera sido difícil atenderlos. La meta era demasiado alta, y era muy fácil caer en la desilusión porque solo llevábamos uno o dos.

¿Por qué nos propusimos encargarnos solo de uno? Porque por él oramos, sabemos de su interés espiritual y si toma una decisión, seremos nosotros mismos quienes le enseñaremos los primeros pasos. Siempre es mejor un amigo que un desconocido.

Por eso hemos llegado a reunir en los eventos de evangelismo masivo casi a un 30 por ciento de personas que son invitadas por sus propios amigos. He estado en estadios completos donde miles de jóvenes estaban en ese lugar, y con sorpresa notaba que nadie estaba fumando o en alguna actitud no cristiana. Creí por un momento que eso era un milagro de transformación de Dios, pero cuando hablé con los organizadores, ellos calculaban que solo de un 2 a 3 por ciento eran personas no cristianas. Los demás eran feligreses de iglesias que habían venido a disfrutar de la mega cruzada, pero que no habían tenido el compromiso de llevar a alguien nuevo.

El otro problema es quién será la persona que tendrá contacto con la persona que tomó la decisión de seguir a Jesús. La respuesta es fácil: su amigo que la conoce, que la llevará a su congregación, y seguirá sus pasos para que la persona sea discipulada y crezca en la fe.

Por todo esto aplicamos en cada evento el principio de Misión 1x1, tal vez el secreto mejor guardado de *Jesus Warriors*. La estrategia es que cada joven invite solamente a un amigo a una jornada donde vivirá una experiencia única con la posibilidad de que por medio del arte, la música, multimedia y los mensajes hablados, sea movido a una decisión por Jesús.

Otra vez: ¿por qué solo un amigo? Justamente uno de los problemas más grandes de las personas es querer llegar al segundo escalón sin subir el primero. Imagínate que podamos ocuparnos solo de una persona por año. Una congregación de cien personas crecería a doscientas el primer año, a 3.200 en cinco años y a 50 mil en diez años. Lo que estoy tratando de compartir es que ocuparnos de una persona no es poco; es el principio de una revolución. Cuando realizamos eventos en parques de diversiones, logramos que hasta un 40 por ciento de jóvenes asistan por primera vez a vivir una experiencia de fe. Cuando logramos ir a las playas o a parques públicos, hasta un 90 por ciento de personas se acercan para ver de qué se tratan las movilizaciones *Summer Hope* o *One World*. Basamos el éxito de cada una de las movilizaciones o proyectos en que una persona lleve a su amigo cumpliendo con la Misión 1x1. Si puedes cambiar la vida de una persona, podrás contagiar a miles.

SI PUEDES CAMBIAR LA VIDA DE UNA PERSONA, PODRÁS CONTAGIAR A MILES.

Hace pocos días me llamó uno de los líderes juveniles más

importante de Argentina, y me preguntó cómo hacer para que la prensa y aun el gobierno se hagan eco de la tarea que realizamos. Yo le contesté que no hay forma de que nos escuchen si no mostramos los resultados de vidas cambiadas.

Jesús eligió comenzar con la Misión 1x1, que no se trató de cómo captar una multitud de personas, sino de ir y hacer discípulos: *"Jesús se acercó entonces a ellos y les dijo: Se me ha dado toda autoridad en el cielo y en la tierra. Por tanto, vayan y hagan discípulos de todas las naciones, bautizándolos en el nombre del Padre y del Hijo y del Espíritu Santo, enseñándoles a obedecer todo lo que les he mandado a ustedes. Y les aseguro que estaré con ustedes siempre, hasta el fin del mundo"* (Mateo 28:18-20). Son mucho más la dedicación, el tiempo y el esfuerzo de tener un discípulo que de tener un seguidor, pero claramente un discípulo de Jesús dará mucho más fruto que un seguidor.

Fundación Elegí Sonreír[2]: comienzo pequeño 2

¿Cómo nació? Todo comenzó en nuestra casa. Junto con Lali, mi esposa, comenzamos un trabajo muy pequeño en nuestro hogar reservando una de las habitaciones para una o dos chicas con problemas de abuso. Debido a que mi esposa había vivido diez años de abuso por parte de su padrastro, tenemos muy clara la idea de ser familia de aquellos que no la tienen, o que teniéndola, fueron la causa de su mismo problema. Aprendimos a amar de todas las maneras posibles, desde a las desobedientes hasta a las más sumisas, desde a las introvertidas hasta a las que había que hacer callar la boca con un reto. Mis hijos y nosotros aprendimos a vivir en comunidad con varias hijas del corazón.

No se trata de empezar con proyectos enormes, sino de

comprometerse con pequeños ejemplos que nos preparen para desafíos mayores.

NO SE TRATA DE EMPEZAR CON PROYECTOS ENORMES, SINO DE COMPROMETERSE CON PEQUEÑOS EJEMPLOS.

Luego de varios años de trabajar en nuestra casa, llevamos a las jóvenes a hospedarse en la iglesia, y conseguimos tener hasta seis jóvenes conviviendo en las instalaciones de la misma hasta que decidimos inaugurar el primer hogar de la Fundación Elegí Sonreír. Todo fue un gran desafío, porque se debe aprender primero a poner el pie en el agua y luego Dios se encarga de abrir el mar Rojo. Los desafíos de Dios siempre tienen el mismo principio, así que durante muchos años sostuvimos el hogar con nuestro propio bolsillo y compartimos con ellas silenciosamente nuestra comida y nuestra ropa. Teníamos que mantenernos firmes para poder creer que el milagro ocurriría. Solo cuando abrimos el segundo hogar para niños pequeños en situación de abuso fue cuando Dios nos abrió las puertas para que el gobierno comenzara a ayudarnos con los hogares.

Nuestros hogares están especialmente diseñados para un pequeño número de niñas, hasta doce como máximo, ya que trabajamos con ellas de manera personalizada. Trabajamos muy fuerte en restaurar su relación con los hombres y sobre todo, con la imagen del padre. Para eso, las recibimos y las tratamos como princesas de Dios para que sepan cuánto Él las ama.

A veces llegan desde el hospital donde las atendieron por la violación de sus padrastros o familiares, y llegan a un lugar desconocido donde se resisten a toda manifestación de cariño en los primeros días. Pero después de un tiempo, su corazón comienza a sentir el amor de Dios y aprenden a recibir ese amor puro que ablanda sus corazones, hasta tener un encuentro personal con Dios. Risas, llantos, logros y fracasos bañan esta historia de amor, en la que Dios se hace presente por medio del milagro de amar y ser amado.

Una de las jóvenes a la que sosteníamos espiritualmente y financieramente, un día decidió robarnos y se llevó dinero, perfumes, ropa de Lali, y hasta su ropa interior. Otra de las chicas tenía graves problemas de conducta, ya que había sufrido abuso sexual y su papá se drogaba. Su vida a los 18 años era vivir de manera muy liviana, y a esa edad ya se había efectuado cinco abortos cuando empezó a vivir en familia con nosotros. Ella conoció otra manera de ver la vida y vivirla. Hoy es una de nuestras líderes, tiene un hermoso matrimonio, y año a año ministra a decenas de jóvenes y adolescentes. Son dos historias antagónicas: una joven a la que nunca volvimos a ver, y otra cuya historia de su cambio de vida producida por el amor de Dios compartirá con cientos de personas. Y aunque mientras escribo este capítulo una de nuestras adolescentes intentó cortarse las venas, Lali y yo hemos decidido que vale la pena seguir sonriendo.

Han pasado los años y hemos visto las transformaciones más increíbles, de caritas tristes y cabizbajas a mujeres que sueñan, miran a los ojos y creen en una posibilidad de cambio aun cuando parece imposible. Ellas lo vivieron, y quieren contagiar a los demás. Cuando las vemos en la televisión al lado nuestro, contando sus historias de vida y desafiando a las que están detrás de las cámaras a experimentar el amor de Dios, nos emocionamos y volvemos a decidir amar cueste lo que cueste, para ver a Dios en sus rostros.

Tendría un libro entero de historias de vida para compartir, pero elegí la historia de Gabriela, a quien Lali y yo hemos adoptado en nuestro corazón por su fuerte historia de vida. Se crió prácticamente sola, ya que su mami además de consumir drogas, era prostituta. Eso le produjo un dolor muy profundo en su corazón, pero lamentablemente también en ocasiones la obligó a hacer cosas con hombres. Así llegó a nosotros, herméticamente callada, dolida y sin las mínimas ganas de seguir viviendo. El amor de Dios fue ablandando su corazón, y fue tomando identidad en Él.

Hoy día somos sus padres del corazón. Vive feliz en la casa de señoritas, estudia en la universidad y da testimonio del poder de Dios siempre que vamos a algún programa de televisión, donde ella cuenta cómo Dios cambió su vida. Estamos felices y orgullosos de ella y de muchas chicas más que han sido abrazadas por el amor de Dios y han elegido sonreír frente a una vida de adversidad.

Actualmente tenemos tres hogares con treinta niños y adolescentes que dependen económicamente de nosotros para su ropa, sus estudios y su comida. Sin embargo, cada mes milagrosamente el dinero alcanza, y cada fin de año nos vamos de vacaciones con ellos a la orilla del mar para festejar y dar la bienvenida al nuevo año, un regalo que tal vez nunca hayan soñado. El año próximo alguno de ellos no estará y tal vez nunca lo agradezca, pero de eso se trata el dar. Si no esperas ninguna recompensa, tu corazón lleno de gratitud por la vida será impulsado a seguir compartiendo con tu prójimo el regalo del amor de Dios.

Tenemos también un hogar de niños de entre cinco y diez años de edad donde recibimos a hombrecitos que necesitan una familia que los ame y los críe, ya que vienen de familias destruidas y no saben lo que es tener mamá y papá. Y por último, tenemos el hogar para señoritas mayores de 18 años que crecieron con nosotros y ya son parte de nuestra gran familia. Todas ayudan en los hogares. La mayoría estudia en la universidad, y nos comprometemos con ellas hasta el día de su casamiento. Allí pasamos a ser suegros, ya que la gran mayoría ha perdido a su familia.

Estas historias son las que la sociedad necesita escuchar. Muchas veces creo que solo queremos que la gente escuche nuestros discursos, cuando lo más poderoso que tenemos para que el mundo sea cambiado son las historias de vida. La prensa sigue llamándonos, pero no para que le contemos de nosotros o nuestro gran ministerio, sino acerca de cómo es el milagro de Dios cuando entra en una vida y la transforma.

LO MÁS PODEROSO QUE TENEMOS PARA QUE EL MUNDO SEA CAMBIADO SON LAS HISTORIAS DE VIDA.

Hace poco tiempo recibí una carta de una joven que dice así:

> *"Siempre desde muy chica, soñé con tener un papá, alguien con el cual jugar y ser yo misma; un papá que pudiera mostrarme con amor lo valiosa que soy. Siempre quise un papá para compartir cosas de la vida y sentarme a hablar sin mucha prisa y tal vez no decir nada importante, sino solo disfrutar el momento. Mi papá no fue nada de eso, no lo conozco, y por más que quiera ocultarlo, siempre un dolor profundo llegaba a mi corazón. Me encanta decirles a mis amigas que tengo un papá que me cuida, que comparte mis sueños, que podemos hablar y puedo aprender de ti, reírme contigo, jugar contigo, respetarte y obedecerte en lo que me dices, sentarme en tu escritorio, compartir almuerzos, vivir una vida junto a Dios. Quiero que sepas que eres el hombre que más admiro en la vida, y quiero seguir tu ejemplo de seguir a Jesús. Gracias por compartir conmigo la vida natural y sobrenatural que Dios te dio, mi papá del corazón. Te amo pa', te amo mucho".*

Este es en realidad un fragmento de la carta de una adolescente que eligió conocer a un Dios de segundas oportunidades a pesar de su historia de vida. Cada carta que recibimos Lali y yo nos impulsa a seguir adelante. Trabajamos con las jóvenes como si cada una fuera la única personita a nuestro cargo, con ese mismo amor que Dios nos entregó.

Influir en famosos de la televisión

Junto a Lali realizamos varios eventos en cárceles y otras instituciones para llevar el mensaje transformador del amor de Dios, y en una ocasión sucedió algo muy llamativo. Fuimos por primera vez a una cárcel de mujeres e invitamos a dos cantantes cristianos que habían sido muy conocidos en el ámbito secular. Desde que empezó el evento hasta que terminó, las mujeres se mantuvieron muy atentas y participaron de cada actividad. Casi al final del evento, Lali compartió su historia de vida y muchas mujeres se emocionaron y tuvieron un encuentro con Jesús. Alguien desconocido para nosotros fue a ese evento con uno de los cantantes y resultó ser el esposo de Laura Bozzo, figura de la televisión en varios países de Hispanoamérica. Él quedó impactado por la historia de Lali, y nos dijo que Laura debía conocer el trabajo que hacíamos.

Tiempo después, viajé a Perú a conocer a esta señora totalmente desconocida para mí; fui para contarle nuestro trabajo en Argentina. Fueron dos días en los que pude compartir lo que Dios había hecho en nuestras vidas, y que esa era la razón para vivir ayudando a otros. Laura comenzó a preguntarme de qué manera podía ayudarnos y ser parte de este trabajo de amor. Quedé sorprendido por semejante bendición. Ella me ofreció que compartiéramos en sus programas el trabajo que realizamos, aunque lo que más me sorprendió es que abrió su corazón y me compartió todo lo que había sufrido en soledad y cómo había sido su vida. Confesó su necesidad de Dios para enfrentarse a la vida y a las cámaras de televisión cada día, y me comprometí a enviarle mensajes y pasajes de la Biblia que la guiaran. A partir de ese día, nos dio su apoyo incondicional para los hogares, y esto ha sido muy positivo. Ha hablado en vivo y ha mostrado imágenes en varias ocasiones, y hasta me ha invitado a su programa "Laura" en el canal Televisa en México para contar cómo los niños han sido transformados por el amor de Dios, y sobre todo, cómo el perdón ha sido la clave para su libertad y su felicidad.

Dios utiliza a todo tipo de personas para mostrar el camino correcto y el poder de Dios en las vidas. Finalmente, la gloria de Dios también fue admitida por Nabucodonosor y compartida con todo su reino. *"Pasado ese tiempo yo, Nabucodonosor, elevé los ojos al cielo, y recobré el juicio. Entonces alabé al Altísimo; honré y glorifiqué al que vive para siempre: Su dominio es eterno; su reino permanece para siempre. Ninguno de los pueblos de la tierra merece ser tomado en cuenta. Dios hace lo que quiere con los poderes celestiales y con los pueblos de la tierra. No hay quien se oponga a su poder ni quien le pida cuentas de sus actos"* (Daniel 4:34-35).

El *hip-hop* trae avivamiento

Todavía recuerdo a un pastor presidente de una denominación diciendo que estaba muy enojado conmigo porque por medio de esta danza estaba llevando el mundo a la Iglesia. Por primera vez tenía a alguien que se había declarado enemigo de un

NO HAY FORMA DE SER USADO POR DIOS SIN APRENDER A ENCARAR A LA GENTE QUE SE OPONE A TU VISIÓN.

ministerio que había transformado las vidas de decenas de jóvenes. Estaba por aprender una lección muy valiosa: no hay forma de ser usado por Dios sin aprender a encarar a la gente que se opone a tu visión. Recuerdo que sus hijos soñaban con ser parte de *JW Hip-Hop* y él se los había prohibido. Luego de un tiempo me llamó para pedirme si por favor dejaba que sus hijos fueran parte de *JW*, ya que lamentablemente este papi había sufrido que sus hijos dejaran al Señor. Pasaron dos años, y un día me dijo: "Ale, voy a defender tu ministerio a capa y espada. El fruto de la vida de mis hijos muestra que Dios también se mueve en el *hip-hop*". Como esta historia, tenemos varias que revelan cómo Dios nos sorprende si somos fieles a lo que ha depositado en nosotros. Aunque por un tiempo vaya en contra de las costumbres, los frutos de las vidas transformadas serán su defensa más fuerte.

Un pequeño grupo de adolescentes comenzó a salir al obelisco en Buenos Aires un sábado al mes para predicar el evangelio con música, humor y testimonios de vida. Sábado a sábado, decenas de personas decidían que Dios podía transformar sus vidas y seguían al Jesús del que hablaban estos adolescentes. En ese tiempo nos dimos cuenta de que en tres horas éramos capaces de reunir a dos mil personas entre extranjeros y argentinos, y algunos curiosos se deleitaban en ver danza y un espectáculo con valores juveniles. De allí salió la pregunta: ¿por qué no? ¿Por qué no compartir a miles de jóvenes el mensaje de Jesús por medio del *hip-hop* y discipular e impulsar a otros a hacer lo mismo como método juvenil de evangelización?

Una de las cosas que más nos sorprende es que aún hoy, con músicos y bandas muy conocidas, cada vez que *JW* hace su presentación, miles de adolescentes y jóvenes corren a grabar con sus celulares y a soñar que algún día serán parte de este grupo de locos que bailan para Dios. Este grupo ha recorrido el país, ha bailado en varios escenarios, en televisión, en el festival de Luis Palau y en todos los *Jesus Fest,* llamando la atención de los allí reunidos. Pero lo que más nos sorprende es que la prensa se ha ocupado de ellos especialmente, haciendo clara alusión a chicos con problemas de drogas, alcohol y violencia que han cambiado sus vidas y su conducta bailando para Dios.

Desierto o bosque

¿Por qué es importante comenzar? Cada uno de nosotros tiene en sus manos un potencial increíble. Dios nos ha dotado de la posibilidad de influenciar y cambiar el rumbo de miles de vidas a nuestro alrededor. La decisión está en ti, pero debes comenzar hoy, o todo lo que Dios te ha dicho se convertirá en una simple ilusión.

"Ciertamente les aseguro que si el grano de trigo no cae en tierra y muere, se queda solo. Pero si muere, produce mucho fruto" (Juan 12:24). Basado en este pasaje, mi pastor en la adolescencia me enseñó una lección que nunca olvidaré. Me sentó frente a él, tomó en sus manos una semilla y me preguntó: "¿Qué ves?", a lo que respondí: "Una semilla". Él me dijo: "Pero Ale, debes ver más allá de la semilla". Por lo tanto, hice un esfuerzo, miré más allá y detrás había un mueble, por lo que dije: "Veo un mueble". Él sonrió y me dijo: "¡No! ¿Qué produce la semilla?". "No sé, según qué clase de semilla sea", respondí. Su explicación me cautivó y me enseñó a ver de forma diferente mi semilla en la vida.

"Semilla viene de la palabra semen. En la semilla está la vida y el potencial de un bosque, ya que si cae en la tierra y muere, se transforma y se convierte en un árbol. Ese árbol crecerá y producirá semillas de la misma especie, y esos mismos árboles a lo largo de varios años podrán formar un bosque. Tú tienes la decisión, en tu lugar, de que continúe el desierto sin árboles o de comenzar a sembrar un bosque

que tal vez tarde diez, cien o mil años en crecer. Elige: ¿desierto o bosque?".

Desde aquel día hasta hoy, he elegido que por medio del poder de Dios la realidad de muchos, es decir, su desierto, sea cambiada. Aunque el proceso sea lento y la semilla sea muy pequeña, Dios mismo se encargará de dar el crecimiento y la vida a cada proyecto o sueño que Dios ponga en mi corazón.

Al finalizar este capítulo, deberás tomar una decisión: seguir siendo un espectador de la vida soñando que algún día Dios te va a usar, o atreverte a sembrar tu pequeña semilla en el terreno del Reino de Dios, para morir a una vieja manera de ver y vivir la vida según sus métodos y maneras. Dejarás de luchar para que Dios pelee en tu lugar. No es tu responsabilidad la cosecha, sino la siembra. Su nube te guiará hacia la tierra prometida.

NO ES TU RESPONSABILIDAD LA COSECHA, SINO LA SIEMBRA.

CAPÍTULO 7

LA CONQUISTA DE LOS MIEDOS (300: UNA PELÍCULA DIRIGIDA POR GEDEÓN)

Una multitud no indica revolución o transformación; solo amontonamiento de muchas personas. En el supermercado, en las autopistas o en los trenes también hay muchas personas.

Uno de los medidores más infalibles en el trabajo ministerial de una persona es la influencia producida en las vidas de otros, que da como resultado final una transformación tangible en la manera de vivir de ellos.

Solo un puñado de hombres estuvo dispuesto a dar su vida por lo que vio y escuchó acerca de Jesús. Miles lo seguían y acompañaban en sus cruzadas de fe y milagros. Cuando multiplicó los panes y los pescados, cuando sanaba a todos. Pero solo algunos pocos estarán dispuestos a dar todo por su fe. Un puñado de locos dio su vida por Jesús, y la sangre de ellos regó la tierra para que el fruto fuera de millones de personas que hoy día creen el testimonio de que estuvieron con Jesús resucitado después del tercer día.

Este capítulo desnudará una cruel y triste realidad, ya que solo una de cada cien personas asumirá la responsabilidad y estará dispuesta a vivir para los demás.

Solo una de cada cien es capaz de compartir el único pedazo de pan que tiene.

Solo una de cada cien deja sus sueños para ser la posibilidad de otros para aprender a soñar.

Solo uno de cada cien está dispuesto a arriesgar su vida por la causa del amor de otro hombre llamado Jesús.

Por eso te invito a conocer a un líder que estuvo dispuesto a morir y a quedar como un loco delante de su generación cuando se enfrentó a un ejército armado hasta los dientes con una trompeta, una antorcha y una vasija de barro. Su nombre: Gedeón.

Gente muy especial y totalmente loca es la que pretende luchar contra un mundo hostil y poderoso, con armas y un Dios invisible.

Miedos que paralizan la fe

"El SEÑOR le dijo a Gedeón: «Tienes demasiada gente para que yo entregue a Madián en sus manos. A fin de que Israel no vaya a jactarse contra mí y diga que su propia fortaleza lo ha librado, anúnciale ahora al pueblo: "¡Cualquiera que

esté temblando de miedo, que se vuelva y se retire del monte de Galaad!"» Así que se volvieron veintidós mil hombres, y se quedaron diez mil" (Jueces 7:2-3).

El miedo es la herramienta favorita del enemigo para paralizar nuestra capacidad de creer. Gedeón se rebeló contra el miedo y por eso Dios lo convocó. Cuando él trabajaba de noche se ocultaba de los enemigos (los madianitas) para darle de comer al pueblo. No aceptaba la idea de trabajar como esclavo para un pueblo más poderoso que los judíos. Por la disposición de su corazón recibió una visión más amplia, y dejó de ver a un grupo de campesinos indefensos para visualizar un ejército poderoso que no teme a nada ni a nadie porque Dios pelea por ellos.

EL MIEDO ES LA HERRAMIENTA FAVORITA DEL ENEMIGO PARA PARALIZAR NUESTRA CAPACIDAD DE CREER.

Por muchos años tuve miedo de rebelarme contra mi propia estructura mental. Tuve miedo a arriesgarme, tuve miedo a lo desconocido, y por eso me conformé con vivir lo que me tocaba cada día. Parecía que la frase "cada día tiene su propio afán" se refería a conformarse y solamente luchar para sobrellevar la carga de la vida. Dios me estaba llamando a rebelarme contra mis miedos y aun contra mí mismo. Por eso compartiremos algunos miedos que debemos enfrentar y vencer para ser parte del selecto grupo de valientes dispuestos a dar la vida por la causa como la de Gedeón y el pueblo de Israel.

Miedo a enfrentar mis debilidades

"Siempre que los israelitas sembraban, los madianitas, amalecitas y otros pueblos del oriente venían y los

atacaban. Acampaban y arruinaban las cosechas por todo el territorio, hasta la región de Gaza. No dejaban en Israel nada con vida: ni ovejas, ni bueyes ni asnos. Llegaban con su ganado y con sus carpas como plaga de langostas. Tanto ellos como sus camellos eran incontables, e invadían el país para devastarlo. Era tal la miseria de los israelitas por causa de los madianitas, que clamaron al SEÑOR pidiendo ayuda..." (Jueces 6:3-6).

Miles de hombres se alistan para la batalla más importante de sus vidas para ser librados de siete años de angustia, hostigamiento y subordinación. Puede sentirse en el ambiente la tensión de ser llevados a un nuevo nivel. La mayoría de ellos no tiene experiencia militar, y poco a poco comienzan a descubrir que su obediencia al líder que los había convocado y la trompeta que sonó no eran suficientes para enfrentarse a sus miedos. Entre las filas se empieza a escuchar a algunos que dicen que es mejor volverse a casa: "Por lo menos seremos esclavos, pero quedaremos con vida".

El problema cuando decidimos ser parte del ejército de Dios no está en las circunstancias externas, sino en que comenzamos a descubrir nuestro interior y nuestras debilidades quedan expuestas a la luz del día. En ese momento tenemos dos caminos: o las encaramos valientemente y cambiamos nuestro interior, o simplemente huimos a refugiarnos en la cueva de la mediocridad y el miedo, donde vivimos durante toda nuestra vida.

Todavía recuerdo una noche lluviosa en Buenos Aires. Yo tenía 19 años y estaba en el ejército en pleno entrenamiento para convertirme en soldado. Algunos amigos se habían sentido prisioneros e intentaron escapar, y ahora estaban en una celda enfrentándose al cargo de deserción. La presión era muy fuerte, y tenía en mi bolsillo una pequeña Biblia azul de Los Gedeones. En esa madrugada donde me encontraba haciendo guardia, Dios habló a mi corazón y a través de un salmo me dijo que no tuviera miedo, que Él usaría mi paso por el ejército para glorificarse. Con lágrimas en los ojos creí su Palabra y empecé a sentir que Él mismo me acompañaba en esa guardia. Pasaron catorce meses de esa noche, y al terminar el servicio militar le había compartido sobre Jesús al 95 por ciento de mis 120 compañeros. Hasta la fecha, uno de ellos es líder de una iglesia vecina junto con su familia.

Cuando Dios te llame a una misión celestial, descubrirás tus miserias y miedos más profundos. Por ese motivo tendrás dos opciones: salir corriendo o enfrentarte al proceso de Dios. Esta es la causa por la que 22 mil hombres, o sea, más del 66 por ciento, quedaron fuera del grupo selecto de valientes que se enfrentaría a Madián. ¿Tantos? La respuesta es: ¡Sí! La mayoría de los creyentes no están dispuestos a enfrentarse a sus debilidades y ser moldeados por Dios. Prefieren un Dios de supermercado para satisfacer sus propias ambiciones. No quieren correr riesgos aunque se hayan acercado a Dios.

CUANDO DIOS TE LLAME A UNA MISIÓN CELESTIAL, DESCUBRIRÁS TUS MISERIAS Y MIEDOS MÁS PROFUNDOS.

Miedo a perderlo todo

"Sin embargo, todo aquello que para mí era ganancia, ahora lo considero pérdida por causa de Cristo. Es más, todo lo considero pérdida por razón del incomparable valor de conocer a Cristo Jesús, mi Señor. Por él lo he perdido todo, y lo tengo por estiércol, a fin de ganar a Cristo" (Filipenses 3:7-8).

Vivir el evangelio se ha convertido en simplemente ir a pasarla bien a un centro comercial y tomar de las bendiciones del cielo que Dios tiene para nosotros. Eso está muy lejos de lo que Pablo les dice a los filipenses; él enseña que el secreto del éxito según Dios es perder para ganar.

Perder la comodidad es una condición imprescindible para ser usado por Dios. Cuando tú estás incómodo, Dios está cómodo. No hay forma de que Dios te use si no vives experiencias como la de José, que fue vendido por sus hermanos en tierra extranjera; Moisés, que estuvo cuarenta años en el desierto para que su corazón fuera moldeado; o el mismo Jesús, que estuvo cuarenta días en el desierto para aprender que su alimento debía ser su Padre.

PERDER LA COMODIDAD ES UNA CONDICIÓN IMPRESCINDIBLE PARA SER USADO POR DIOS.

Cualquiera de los tres tuvo que perder su identidad y comodidad para poder comenzar un nuevo camino en la misión que Dios tenía para su vida.

Perder el futuro: Cuando dejamos nuestras vidas en manos de Dios, el futuro se nos escurre de las manos porque ya no nos pertenece. Ahora los próximos pasos serán parte de una estrategia divina y, como sucedió en el desierto hacia la Tierra Prometida, la nube de Dios guiará cada día tu camino hacia un futuro diseñado por Dios para ti.

La pregunta es: ¿Estoy dispuesto a ir donde la nube me lleve y perder de vista el horizonte que tanto había planeado?

Perder la vida: Es muy difícil usar esta frase en un entorno donde a lo sumo postergamos o cancelamos nuestros sueños. Pero para los soldados de Gedeón que sabían que su batalla sería contra 120 mil hombres de Madián armados hasta los dientes, esta frase no era en sentido figurado. Posiblemente, esas serían sus últimas horas en la tierra, y sus declaraciones de fe se verían selladas incluso por su propia sangre.

En estos días un pastor fue ahorcado por ISIS en Irak por no renunciar a su fe. En los segundos anteriores, su cara era de felicidad, y me pregunté a mí mismo si yo estaría dispuesto a morir por mi fe.

Cuando multitud no es sinónimo de transformación

He predicado y visitado varias iglesias gigantes de las conocidas como megaiglesias, donde domingo a domingo miles de personas se congregan en ellas y adoran a Dios de manera tan intensa que por un momento uno imagina que está en el cielo. El movimiento es semejante a un partido de fútbol, y la organización es casi perfecta para poder asistir a las multitudes que se agolpan para participar de un nuevo servicio. Lo primero que uno imagina es que estamos en presencia del Reino de Dios en la tierra, y que hasta deberíamos cerrar nuestras pequeñas iglesias y asistir todos a estos lugares que son muy parecidos a lo que viviremos en el cielo.

Al investigar y hacer algunas encuestas para saber las causas de este fenómeno, encontré que casi entre el 80 y el 90 por ciento de las personas que asisten no nacieron espiritualmente en ese lugar. Además, casi el mismo porcentaje de personas no están involucradas en el servicio a la comunidad, y su principal actividad es congregarse y ofrendar para el crecimiento de la iglesia. Podría enumerar decenas de características más que a veces no corresponden solo a las megaiglesias, pero son características de iglesias estériles que cambian el mundo dentro de sus extraordinarias reuniones. Sin embargo, a unos cien metros del templo pierden su poder transformador, y su influencia es casi nula fuera de las paredes del templo.

"Pero el Señor le dijo a Gedeón: «Todavía hay demasiada gente. Hazlos bajar al agua, y allí los seleccionaré por ti. Si digo: "Éste irá contigo", ése irá; pero si digo: "Éste no irá contigo", ése no irá.» Gedeón hizo que los hombres bajaran al agua. Allí el Señor le dijo: «A los que laman el agua con la lengua, como los perros, sepáralos de los que se arrodillen a beber.» Trescientos hombres lamieron el agua llevándola de la mano a la boca. Todos los demás se arrodillaron para beber. El Señor le dijo a Gedeón: «Con los trescientos hombres que lamieron el agua, yo los salvaré; y entregaré a los madianitas en tus manos. El resto, que se vaya a su casa»" (Jueces 7:4-7).

Dios estaba mirando el ejército de Gedeón que se preparaba para enfrentarse a los 120 mil, y dijo: "Son muchos". ¡Pensar que siendo diez mil habría una proporción de doce madianitas contra un israelita! Sin embargo, cuando se trata de lucha espiritual, a Dios no le importa el cálculo humano porque, cuando Dios está de nuestro lado, aunque no lo veamos hay un ejército celestial que pelea por nosotros. Si nuestros ojos espirituales fueran abiertos, nos daríamos cuenta de que no estamos solos. Es más, siempre tenemos ventaja porque Dios peleará en lugar de nosotros.

SIEMPRE TENEMOS VENTAJA PORQUE DIOS PELEARÁ EN LUGAR DE NOSOTROS.

La guerra es ahora, el tiempo es hoy

¿Cómo supo Dios quiénes eran aptos para el desafío? El

método que utilizó fue muy simple. Al tener sed o una necesidad personal, vería si cuando la encaraban, se olvidaban o no de la misión en que estaban inmersos. Algunos dejaron sus escudos y espadas para tomar agua, aunque si el enemigo los atacaba serían hombres muertos. Sin embargo, 300 de ellos, puestos en pie, no se arrodillaron y continuaron en posición de batalla aun cuando tenían mucha sed.

Cuando recibimos el llamado de Dios, muchos de nosotros nos preparamos para entrar en acción, pero pensamos que el tiempo para comenzar a pelear será después. Alguien me contó una historia de una persona que recibió el llamado de Dios desde muy joven y aceptó el desafío, pero le dijo a Dios que todavía era una niña y que le serviría desde la adolescencia. Dios volvió a llamarla en su adolescencia, y ella le contestó que cuando encontrara al siervo de Dios que la acompañaría, podría servirle mejor. Una vez de novia y ya en preparativos para el casamiento, Dios le volvió a hablar, pero en esta ocasión ella no tuvo tiempo. Ya casada, le pidió a Dios un tiempo más, pues sus hijos eran pequeños y su primer ministerio era su familia. Pasados unos años, con tantos sucesos se olvidó de su compromiso con Dios y, aunque era abuela y toda su familia era cristiana, un día lloró amargamente porque ya no podía volver el tiempo atrás. Se había dado cuenta de que pudo haber logrado todo lo que hizo en cuanto a su vida familiar cumpliendo al mismo tiempo el propósito de Dios en el frente de batalla. Hoy sirve a Dios en los últimos años de su vida en uno de nuestros hogares de menores.

La mediocridad engañosa

Otro de los grandes enemigos para ser parte del ejército de los 300 es la mediocridad. Pero ¿qué significa mediocridad? La palabra tiene un origen muy llamativo. Se utilizaba para nombrar a los montañistas que se habían preparado y dispuesto a llegar a la cima de una montaña y que cuando el cansancio empezaba a golpearlos, la temperatura descendía y el oxígeno ya no era tanto, decidían emprender el camino de regreso. Por lo tanto, mediocre es alguien que se queda a mitad de camino de aquella meta o pico de una montaña. Esto no significa que nunca partió, sino que teniendo las mejores intenciones para llegar a la cima, en el momento del esfuerzo extra cuando no había que desmayar y en el momento de amar hasta que duela, prefirió renunciar.

MEDIOCRE ES ALGUIEN QUE SE QUEDA A MITAD DE CAMINO DE AQUELLA META O PICO DE UNA MONTAÑA.

Te comparto unas líneas de un escrito que usaba mientras trabajé en una empresa de informática durante más de diez años:

> El mediocre ama su cama como a sí mismo.
>
> El mediocre nace cansado y vive para descansar.
>
> El mediocre descansa de día para poder dormir de noche. Si el mediocre ve a alguien descansando, de inmediato lo apoya y lo ayuda.
>
> El mediocre evade las tareas y siempre está buscando que su labor la realice otro. El mediocre tiene presente que nadie se muere por descansar.
>
> El mediocre deja siempre para mañana lo que debe hacer hoy.

En cambio:

> El excelente saluda al nuevo día con mil proyectos

por realizar.

El excelente sabe que para disfrutar del descanso debe terminar el día sin gota de energía.

El excelente disfruta la noche después de un largo día luchando por alcanzar estrellas.

El excelente reta a luchar a quienes le rodean.

El excelente renuncia a todo aquello que obstaculiza sus sueños. Para el excelente, el trabajo significa el medio para alcanzar todo lo que desea.

El excelente arrebata tareas y, como líder, va siempre adelante.

El excelente es consciente de que son tiempos de construir y que ya tendrá tiempo en la eternidad para descansar en paz.

El excelente, contrario al mediocre:

El mediocre cumple con los demás; el excelente cumple con él mismo.

El mediocre sueña con descansar; el excelente sueña con llegar a la meta.

El mediocre descansa en cuanto puede; el excelente toma descanso si puede.

El mediocre emparcha y sigue; el excelente repara a fondo para llegar a la meta.

El mediocre saca ventaja de los demás; el excelente los bendice y da prestado.

El mediocre se sienta cómodamente a mirar, desde la tribuna, al excelente.

Uno de los ejemplos bíblicos más fuertes acerca de la mediocridad se encuentra en Hechos 5:1-11:

"Un hombre llamado Ananías también vendió una propiedad y, en complicidad con su esposa Safira, se quedó con parte del dinero y puso el resto a disposición de los apóstoles. —Ananías —le reclamó Pedro—, ¿cómo es posible que Satanás haya llenado tu corazón para que le mintieras al Espíritu Santo y te quedaras con parte del dinero que recibiste por el terreno? ¿Acaso no era tuyo antes de venderlo? Y una vez vendido, ¿no estaba el dinero en tu poder? ¿Cómo se te ocurrió hacer esto? ¡No has mentido a los hombres sino a Dios! Al oír estas palabras, Ananías cayó muerto. Y un gran temor se apoderó de todos los que se enteraron de lo sucedido. Entonces se acercaron los más jóvenes, envolvieron el cuerpo, se lo llevaron y le dieron sepultura. Unas tres horas más tarde entró la esposa, sin saber lo que había ocurrido. —Dime —le preguntó Pedro—, ¿vendieron ustedes el terreno por tal precio? -Sí —dijo ella—, por tal precio. — ¿Por qué se pusieron de acuerdo para poner a prueba al Espíritu del Señor? — le recriminó Pedro—. ¡Mira! Los que sepultaron a tu esposo acaban de regresar y ahora te llevarán a ti. En ese mismo instante ella cayó muerta a los pies de Pedro. Entonces entraron los jóvenes y, al verla muerta, se la llevaron y le dieron sepultura al lado de su esposo. Y un gran temor se apoderó de toda la iglesia y de todos los que se enteraron de estos sucesos".

Un matrimonio pretende tratar a Dios como lo hizo toda su vida con las demás personas. Ellos, con un buen corazón, deciden vender su casa para ofrendarla para la obra de Dios. Tal vez, viendo a otros que ofrendaban menos o pensando que nadie sabía acerca de su suma de dinero, ofrendaron delante de los apóstoles diciendo que ese era todo el dinero que habían recibido. Inmediatamente cayeron muertos por haber mentido delante de Dios, como castigo a su falta de honestidad. Yo me he preguntado a mí mismo: ¿Cuántos hermanos han ofrendado sus casas para el ministerio? Y la respuesta es ninguno.

¿Por qué Dios castiga tan duro a Ananías y Safira? Ellos actuaron como mediocres. Podían haber dicho la verdad (que realmente ofrendaban el 50 por ciento) ¡y nada hubiera pasado! Debemos aprender que Dios no toma la mediocridad como algo pequeño o con un guiño de ojo, sino que aquellos que son llamados a llegar a la cima, ¡deben pagar el precio para cumplir el propósito en sus vidas, tomados de la mano de Dios!

AQUELLOS QUE SON LLAMADOS A LLEGAR A LA CIMA, ¡DEBEN PAGAR EL PRECIO PARA CUMPLIR EL PROPÓSITO EN SUS VIDAS!

Predica todo el tiempo y, si es necesario, también habla

«Mírenme —les dijo—. Sigan mi ejemplo. Cuando llegue a las afueras del campamento, hagan exactamente lo mismo que me vean hacer» (Jueces 7:17).

Gedeón compromete toda su vida en esta misión, y él mismo se encuentra en el frente de batalla. De esta manera cumple con una de las premisas esenciales para una transformación real y efectiva. El compromiso del líder para que los demás hombres de su equipo no solo inviertan su tiempo o su dinero, sino que inviertan sus vidas en la transformación de una nación, es su propio ejemplo.

Estoy viendo con mucha preocupación el crecimiento de líderes de papel. Tal vez los denomino así porque son muy vistosos, y generalmente ocupan sus vidas y su tiempo en desarrollar nuevas teorías o ideas de cómo debería ser la

Iglesia. Son como un escuadrón especial que habla desde una tarima muy alta, tan alta que no tienen tiempo para ensuciarse los pies, para rescatar gente, restaurar heridas de batalla, o simplemente entrenar soldados que realmente peleen por la causa viendo cara a cara al enemigo. Se entrenan para impresionar mejor con sus palabras y hasta escriben libros en los que cuentan historias desde el frente, cuando no ministran a personas desde hace muchos años.

Tengo mucho miedo porque Gedeón dijo: "Mírenme y hagan exactamente lo que me vean hacer a mí". La pregunta es simple: si todos hiciéramos lo que tú haces, ¿veríamos una transformación en las vidas de otros? ¿Veríamos a Dios en tu vida siendo una posibilidad para los demás? ¿O simplemente trabajas para que tu foto se vea cada día más grande en las propagandas?

Liderar en la transformación es ir por delante en el campo de batalla, no solo diciendo cómo se debe hacer, sino jugándote la vida y comprometiéndote en forma real y práctica con las vidas de los demás. Cuando escuches o leas de líderes de papel o plataformas que te dicen cómo encarar la batalla, ¡no los sigas, porque nunca estuvieron allí y no tienen idea de cómo pelear! Si te dicen que un médico es el mejor cirujano, pero nunca operó a nadie, estoy seguro de que no te dejarías operar por él.

Los líderes del futuro son los que hacen; ellos cambian el mundo que los rodea. Todo lo que tocan lo convierten y lo transforman. Te comparto algo que dijo Steve Jobs, y yo lo he tomado para nuestro ministerio como una idea de revolución contra el sistema que no permite que alguien hable

LOS LÍDERES DEL FUTURO SON LOS QUE HACEN; ELLOS CAMBIAN EL MUNDO QUE LOS RODEA. TODO LO QUE TOCAN LO CONVIERTEN Y LO TRANSFORMAN.

del amor de Dios a esta generación.

> *"Este es un homenaje a los locos. A los inadaptados. A los rebeldes. A los alborotadores. A las fichas redondas en los huecos cuadrados. A los que ven las cosas de forma diferente. A ellos no les gustan las reglas, y no sienten ningún respeto por el status quo. Puedes citarlos, discrepar de ellos, glorificarlos o vilipendiarlos. Casi lo único que no puedes hacer es ignorarlos. Porque ellos cambian las cosas. Son los que hacen avanzar al género humano. Y aunque algunos los vean como a locos, nosotros vemos su genio. Porque las personas que están lo suficientemente locas como para pensar que pueden cambiar el mundo... son los que lo logran"*[1].

Armas no convencionales

"Gedeón dividió a los trescientos hombres en tres compañías y distribuyó entre todos ellos trompetas y cántaros vacíos, con antorchas dentro de los cántaros. «Mírenme —les dijo—. Sigan mi ejemplo. Cuando llegue a las afueras del campamento, hagan exactamente lo mismo que me vean hacer. Cuando yo y todos los que están conmigo toquemos nuestras trompetas, ustedes también toquen las suyas alrededor del campamento, y digan: "Por el SEÑOR y por Gedeón" (Jueces 7:16-18).

Las tres compañías tocaron las trompetas e hicieron pedazos los cántaros. Tomaron las antorchas en la mano izquierda y, sosteniendo en la mano derecha las trompetas que iban a tocar, gritaron: *«¡Desenvainen sus espadas, por el SEÑOR y por Gedeón!»* (Jueces 7:20).

Una vez que Dios tiene su puñado de locos en sus manos, comienza la verdadera lucha. Una de las cosas más impactantes que he vivido tiene que ver con los métodos que Dios usa para llevar su gloria a esta generación. Por eso estoy convencido de que Dios utiliza armas poco convencionales.

Por eso Gedeón se enfrenta a un dilema que todo ser humano debe encarar: si peleo con mis armas humanas estoy perdido, pero si peleo con las de Dios parece más absurdo todavía. Y esta es una gran verdad. Las armas de Dios son las que nos avergüenzan, ya que no utilizan la lógica o la razón, sino nuestra fe. Veremos cada una de las armas que Dios le propuso a Gedeón como simbolismos de nuestro trabajo hoy día.

LAS ARMAS DE DIOS SON LAS QUE NOS AVERGÜENZAN, YA QUE NO UTILIZAN LA LÓGICA O LA RAZÓN, SINO NUESTRA FE.

Las trompetas indican que el único objetivo de esta lucha es anunciar el mensaje del evangelio, tal cual lo dice en Mateo 28:18-20. Aquello por lo cual vivimos es anunciar a Jesús. Se trata de anunciar el mensaje de Jesús y de su amor.

"Jesús se acercó entonces a ellos y les dijo: —Se me ha dado toda autoridad en el cielo y en la tierra. Por tanto, vayan y hagan discípulos de todas las naciones, bautizándolos en el nombre del Padre y del Hijo y del Espíritu Santo, enseñándoles a obedecer todo lo que les he mandado a ustedes. Y les aseguro que estaré con ustedes siempre, hasta el fin del mundo" (Mateo 28:18-20).

Antorchas de fuego: El fuego simboliza la presencia de Dios, que debe quemar todo lo que consume nuestra vida. Esa luz sirve para alumbrar a una sociedad que camina en tinieblas cada vez más. Marcará los límites entre lo que está bien y lo que está mal en nuestra sociedad.

Cántaros vacíos (quebrados): Simboliza nuestra frágil vida que, puesta en las manos de Dios nuestro alfarero, es moldeada para mostrar su gloria en vidas aparentemente destruidas y que toman un rumbo maravilloso en su presencia.

Por eso, cuando Gedeón tocó la trompeta, rompió el cántaro en sus manos y levantó la antorcha, algo sucedió en el ámbito espiritual. Un ejército de parte de Dios comenzó a pelear y los madianitas se mataron unos a otros, creyendo que habían sido sorprendidos por cientos de miles de un ejército enemigo, y huyeron en la más absoluta derrota.

Cuando Dios pelea por nosotros no hay manera de caer derrotado, y la lógica humana se desvanece bajo el increíble poder de Dios. ¿Seguirás confiando en tus armas o en las de Dios?

CUANDO DIOS PELEA POR NOSOTROS NO HAY MANERA DE CAER DERROTADO. ¿SEGUIRÁS CONFIANDO EN TUS ARMAS O EN LAS DE DIOS?

Las armas de Dios no son aparentemente las correctas para enfrentarse a un ejército enemigo, pero si peleas con ellas, tendrás asegurada la victoria.

CAPÍTULO 8

EN EQUIPO COMO GANSOS

Hay un dicho muy popular: "Cuatro ojos ven más que dos". Generalmente, hacemos uso de él para pedir otra opinión o para que nos ayuden a encontrar algo de lo cual necesitamos una solución, pero para ambos casos hay un factor común: el trabajo en equipo. Trabajo en equipo significa entender que hay algo que nosotros no podemos hacer de ninguna otra forma que no sea con la ayuda de otro.

Uno de los momentos más emotivos de la vida de Jesús y también uno de los más hermosos registrados en la Biblia es el relatado en Juan 17:18-21 (LBLA): *"Como tú me enviaste al mundo, yo también los he enviado al mundo. Y por ellos yo me santifico, para que ellos también sean santificados en la verdad. Más no ruego sólo por éstos, sino también por los que han de creer en mí por la palabra de ellos, para que todos sean uno. Como tú, oh Padre, estás en mí y yo en ti, que también ellos estén en nosotros, para que el mundo crea que tú me enviaste"*. Su oración en ese momento revela uno de los secretos más efectivos y menos usados en la actualidad, y que la Iglesia debe buscar a la hora de evangelizar: la unidad. Jesús dijo: "Para que el mundo crea...". Ni siquiera para que se sanen enfermos, endemoniados sean liberados, sino para que la gente crea. Que el Espíritu Santo convenza de pecado depende de la unidad de la Iglesia sin importar denominación o costumbres. Es hora de trabajar en equipo, dejando nuestras diferencias, con el único objetivo de que el mundo crea en Jesús, no que crea en nuestras organizaciones, sino en Él.

Cuando me preguntan los medios y los periodistas por qué una multitud de jóvenes concurren a los eventos que realizamos como *Jesus Fest* y por qué logramos que *One World* se realice en más de treinta países cada año, siempre digo la misma monótona frase: "Porque trabajamos en equipo para que miles de jóvenes dejen de ser espectadores y se conviertan en protagonistas de la historia".

Hoy tendré la magnífica oportunidad de profundizar en el concepto por medio de varios ejemplos que utilizamos para entrenar a los equipos de *Jesus Warriors* y de *One World* alrededor del mundo. Para esto decidí usar algo que nos guía en este entrenamiento para convertirnos simplemente en gansos. Contemplar la creación y la sabiduría de Dios en ellos nos enseñará principios que nos ayudarán a actuar de forma diferente en todas nuestras tareas en equipo. Compartiré cinco características que posee una bandada de gansos salvajes, con comprobaciones científicas de cómo se mueven y desarrollan su migración de miles de kilómetros cada año, y cuál es su comportamiento.

Un 71 por ciento de mejor rendimiento

En algunos lugares del mundo cuando llega la temporada,

algunas aves emigran de un lugar a otro. Cuando veas emigrar a los gansos salvajes en los Estados Unidos, dirigiéndose hacia un lugar más cálido para pasar el invierno, fíjate que vuelan en forma de "V"[1]. ¿Por qué lo hacen? Porque al volar en esa formación, la bandada entera aumenta en un 71 por ciento el alcance del vuelo con relación al de un ganso volando solo. Compartir la misma dirección y el sentido del grupo permite llegar más rápido y fácilmente al destino, porque ayudándonos entre nosotros los logros son mejores que los que podemos alcanzar individualmente.

Es increíble pensar que podemos llegar más lejos solo con posicionarnos de una manera especial. Muchos buscan fórmulas mágicas, pero cuando nos disponemos a trabajar en equipo aprendemos la enseñanza que es repetida por muchos: si quieres llegar rápido, ve solo; si quieres llegar lejos, ve acompañado. Esta es una de las frases más resistidas por líderes cristianos que parecen estar convencidos de que ellos son los únicos elegidos para cambiar el mundo.

SI QUIERES LLEGAR RÁPIDO, VE SOLO; SI QUIERES LLEGAR LEJOS, VE ACOMPAÑADO.

Desde que Jesús eligió su primer equipo de once jugadores, como en el fútbol, pensó que era mejor que hicieran el trabajo en equipo. Solo no podría hacerlo, y era mejor que se fuera y sus discípulos unidos con el Espíritu Santo hicieran la tarea. Creo que esta es una lección muy valiosa. Si Jesús en su estrategia de evangelización eligió un equipo, no puede estar tan errado el vuelo de los gansos que utilizan el mismo principio. Tal vez si Jesús hubiera elegido una parábola para discipularnos sobre cómo debiéramos trabajar, habría utilizado el mismo ejemplo.

Recuerdo haber visitado la ciudad de Edimburgo en Escocia

para ser parte de un movimiento de evangelización allí en FRINGE[2], el festival secular de arte más grande del mundo. El grupo era de 300 jóvenes cristianos, y la ciudad estaba inundada con más de 500 mil personas. La tarea era muy difícil, ya que un grupo de latinos intentaba llegar a esa multitud de personas que nada querían saber de Dios, y lo haríamos por medio del arte. Esta tarea comenzaba cada día con unos devocionales muy poderosos que realizábamos en una iglesia antigua y esplendorosa, donde solo 300 locos pedíamos a Dios la dirección para irrumpir en el corazón de esa multitud.

La estrategia fue estar juntos y dejar que Dios guiara la batalla. Aunque los primeros días fueron muy duros, el día del desfile principal, donde todos los participantes del mundo paseaban por las calles principales, algo llamó la atención de los medios de comunicación. Nuestro equipo de evangelización había realizado unos pájaros gigantes con telas de colores fluorescentes, y la prensa del lugar sacó una foto que salió en el diario más importante de Escocia. Esto abrió puertas increíbles, y la gloria de Dios se manifestó en ese lugar. Medios internacionales también se hicieron eco y la noticia llegó a Buenos Aires, donde varios medios de comunicación empezaron a llamar por teléfono al equipo que estaba en Escocia, y hablaban del impacto en aquel país de Europa.

¡No vueles solo!

Cuando un ganso se sale de la formación, comienza a sentir la resistencia del aire y a encontrar dificultades para volar solo. Entonces, rápidamente y antes de quedarse muy atrás en el camino, retorna a la formación para poder aprovechar el poder de elevación de los que están delante.

Parece increíble que un ganso pueda darse cuenta de

que cuando vuela solo, la resistencia al aire se hace más fuerte, mientras los humanos no se percatan de eso. Si permanecemos en sintonía y unidos junto a aquellos que se dirigen en nuestra misma dirección, el esfuerzo siempre será mucho menor. Será más sencillo y placentero alcanzar las metas. Estaremos dispuestos a aceptar y ofrecer ayuda. Tenemos tendencia a transitar solos porque imaginamos que lo realizaremos de mejor manera, y además, nuestro orgullo de realizarlo solos es muy fuerte. Tener la grandeza de volver al método elegido por Jesús, al trabajo en equipo, es una grandeza digna de alguien que está aprendiendo la lección de cómo llegar lejos.

Ya pasaron varios años de nuestro primer desafío en un parque de diversiones, y desde aquel día comencé a buscar gente que estuviera loca y dispuesta a hacer algo que no se había hecho hasta entonces. Hasta ese momento, el modelo para convocar a miles de jóvenes a escuchar el mensaje se había basado en la figura de una persona, un predicador o a lo sumo un grupo musical. Teníamos por delante un desafío muy grande: cambiar el paradigma de una convocatoria juvenil y hacer que muchos se sintieran y fueran parte de esta nueva manera de llevar a los jóvenes a los pies de Jesús.

Lo que hicimos fue diseñar un plan de oportunidades para que cientos de jóvenes pudieran salir de sus sillas de espectadores y convertirlos en protagonistas de un megaevento. El desafío no era fácil, pero una vez logrado produciría frutos en el evento y en el futuro de cada iglesia u organización. Para eso hicimos varios escenarios o tarimas donde participaron jóvenes de toda la nación que hacen arte, música, *grafitis, skate, break dance,* y fueron ellos quienes se encargaron de llevar a sus familias, iglesias y amigos. Esta tarea es parte de un equipo, de un todo que culmina con un gran festival de fe y de Palabra, donde desde el más pequeño hasta el más grande es parte de este equipo soñado por Dios para evangelizar.

El problema de querer volar solo fue el comienzo de la rebelión del ángel más importante en el cielo llamado Lucifer o el lucero de la mañana. Cuando uno vuela solo, se cree tan importante que a veces hasta se cree imprescindible. Nada mejor que la frase: el cementerio está lleno de imprescindibles.

Una de las premisas básicas es aceptar y ofrecer ayuda. Todo líder que anhele ser parte de una transformación debe aprender a bajar su nivel de ego, y saber que Dios muchas veces nos envía gente común para enseñarnos una lección que nos cambiará el ministerio. La humildad es una de las claves de la victoria. Alguien me dijo que el día que deje de aprender de otros o crea que he llegado a un lugar de privilegio donde nadie puede enseñarme nada, estoy acabado porque he llegado al fin de mi crecimiento. Cada vez que alguien da una opinión o intenta enseñarme algo, debo estar atento a esa persona porque muy posiblemente Dios quiera enseñarme una lección de humildad, paciencia o entrenamiento. Pero a fin de cuentas aprenderé.

LA HUMILDAD ES UNA DE LAS CLAVES DE LA VICTORIA.

Como la Biblia lo dice, somos parte de un Cuerpo, y fuera del mismo se hace imposible desarrollar la tarea. Si has tomado la decisión de salir del Cuerpo y creer que solo podrás lograrlo, te tengo una mala noticia: Dios te lo hará entender por las buenas o por las malas. Eres parte de un plan de Dios, y para poder ganar este mundo y disfrutar este vuelo, debes hacerlo alineado con Dios y con su plan, o te verás solo y frustrado haciendo un esfuerzo que nadie fue capaz de realizar, ni siquiera Jesús.

Cuando no somos todopoderosos

Cuando el ganso líder se cansa, se traslada al final de la formación, que es el lugar de menor esfuerzo, mientras otro se sitúa en la delantera. Compartir el liderazgo, respetarnos mutuamente en todo momento, compartir los problemas y los trabajos más difíciles, reunir habilidades y capacidades, combinar dones, talentos y recursos nos llevará a la meta tan soñada.

¿No has sentido el profundo deseo de dejarlo todo y salir corriendo? ¿Cuántas veces nos sentimos tan cansados y abatidos por la tarea, que deseamos volver al lugar de donde salimos para sentarnos otra vez y observar cómo otros se desgastan para servirnos o ayudarnos a alcanzar el objetivo? Pero hoy estás acá y ya no hay vuelta atrás. No hay forma de escapar o evadir el compromiso y la responsabilidad que asumimos delante de Dios y es nuestro destino. Como en las otras lecciones, los gansos no enseñan que liderar significa no descansar nunca, sino que si compartimos nuestro liderazgo con gente en la que invertimos nuestra vida, podremos descansar tranquilos de que otra persona puede realizar la tarea, de la misma manera o mejor que nosotros.

Recuerdo la historia de Jesús donde quiere enseñarles a sus discípulos una lección que jamás olvidarían y que, hasta el día de hoy, todos nosotros recordamos: el servir a los demás. En una reunión muy especial Jesús recibe a sus discípulos, se pone una toalla en la cintura, y con agua les lava los pies en señal de humillación, servicio y amor. A partir de ahí, cada uno de ellos aprendió que debía servir para ser el mayor en el Reino; que su Maestro, que iba por delante, estaba enseñándoles a compartir las cargas, los errores y ser parte de una misión mayor que ellos mismos en la cual somos hermanos y nuestro hermano mayor se llama Jesús. "*Así que se levantó de la mesa, se quitó el manto y se ató una toalla a la cintura. Luego echó agua en un recipiente y comenzó a lavarles los pies a sus discípulos y a secárselos con la toalla que llevaba a la cintura. Cuando llegó a Simón Pedro, éste le dijo: — ¿Y tú, Señor, me vas a lavar los pies a mí?"* (Juan 13:4-6).

Todos necesitamos lavar los pies de nuestros discípulos porque habrá un día en que necesitaremos que ellos laven los nuestros para refrescarnos, para continuar el camino. Si no lo hicimos con ellos nunca, cuando se nos ensucien los pies por cualquier razón será casi imposible que ellos lo hagan con nosotros. Honra a los que tienes cerca de ti, ámalos, mímalos, aliéntalos; cada una de esas cosas volverá a ti el día que lo necesites.

De esto se trata el liderazgo: compartir y no competir. A veces son tan pocas las letras que diferencian compartir de competir que parecen palabras similares. Sin embargo, tiene un significado opuesto en el liderazgo. Si tú compites, solo habrás creado monstruos alrededor tuyo que querrán estar en tu posición para liderar a otros. Si tú compartes, habrás formado personas que quieran compartir la aventura de bendecir a otros al lado tuyo y ayudarte en lo que necesites. Compartir es liderar sirviendo y dando lo mejor de ti. Competir es una línea de partida donde formas discípulos a los que solo les importa quién llegará primero. Si quieres que tu organización, iglesia o discípulos te sirvan y te apoyen en momentos de cansancio, debes lavar sus pies y dejarlos ser protagonistas de la historia.

Muchos líderes ponen sus pies sobre el liderazgo de los demás, los critican, los menosprecian, no entrenan a sus miembros, no los dejan crecer, y luego se preguntan por qué la gente se va de su equipo. De esto se trata el lavar los pies: dejarlos volar, dejarlos crecer, soñar junto con ellos, ser parte de sus sueños y que ellos sueñen junto a ti. Se trata de llegar juntos a la meta, no de quién lo hace primero, sino de ver el sueño de Dios hacerse realidad con cada uno en su lugar. Debemos aprender a valorar a cada uno de los integrantes de nuestro equipo, porque algunos parecerán extremadamente útiles y otros hasta casi de sobra. Sin embargo, cuando leí este texto que me llegó por correo, nunca más subestimé a ninguno de los integrantes del equipo porque entendí que Dios nos había puesto en el Cuerpo para cumplir su propósito.

SE TRATA DE LLEGAR JUNTOS A LA META, NO DE QUIÉN LO HACE PRIMERO, SINO DE VER EL SUEÑO DE DIOS HACERSE REALIDAD CON CADA UNO EN SU LUGAR.

Compartiré una historia que me ayudó a entender la importancia de cada miembro que emprendía este vuelo. Cuentan que en una carpintería hubo una vez una extraña asamblea. Fue una reunión de herramientas para arreglar sus diferencias. El martillo ejerció la presidencia, pero la asamblea le notificó que tenía que renunciar. ¿La causa? ¡Hacía demasiado ruido! Y además se pasaba todo el tiempo golpeando. El martillo aceptó su culpa, pero pidió que también fuera expulsado el tornillo; dijo que había que darle muchas vueltas para que sirviera de algo. Ante el ataque, el tornillo aceptó también, pero a su vez pidió la expulsión de la lija. Hizo ver que era muy áspera en su trato y siempre tenía fricciones con los demás. Y la lija estuvo de acuerdo, a condición de que fuera expulsado el metro, que siempre se la pasaba midiendo a los demás según su medida, como si fuera el único perfecto.

En eso entró el carpintero, se puso el delantal e inició su trabajo. Utilizó el martillo, la lija, el metro y el tornillo. Finalmente, la tosca madera inicial se convirtió en un fino mueble. Cuando la carpintería quedó nuevamente sola, la asamblea reanudó la deliberación. Fue entonces cuando tomó la palabra el serrucho, y dijo: "Señores, ha quedado demostrado que tenemos defectos, pero el carpintero trabaja con nuestras cualidades. Eso es lo que nos hace valiosos. Así que no pensemos ya en nuestros puntos malos y concentrémonos en la utilidad de nuestros puntos buenos". La asamblea encontró entonces que el martillo era fuerte, el tornillo unía y daba fuerza, la lija era especial para afinar y limar asperezas, y observó que el metro era preciso y exacto. Se sintieron entonces un equipo capaz de producir muebles de calidad. Se sintieron orgullosos de sus fortalezas y de trabajar juntos.

Ocurre lo mismo con los seres humanos. Observen y lo comprobarán. Cuando en un equipo las personas buscan a menudo defectos en los demás, la situación se vuelve tensa y negativa. En cambio, al tratar con sinceridad de percibir los puntos fuertes de los demás, es cuando florece el trabajo en conjunto. Es fácil encontrar defectos, cualquier tonto puede hacerlo. Pero encontrar cualidades, eso es para los espíritus superiores que son capaces de inspirar a otros para lograr el propósito de Dios en sus vidas. Si encuentras las cualidades en cada uno, podrás descansar.

Un grito de victoria

Una de las cosas que recuerdo haber vivido y nunca supe su significado es escuchar a los gansos volar en su formación mientras graznan para darles coraje y aliento a los que van liderando al frente, porque así mantienen la velocidad del vuelo. Cuando hay coraje y aliento, el progreso es mayor. Una palabra de aliento a tiempo motiva, ayuda, da fuerzas y produce el mejor de los beneficios a quienes guían nuestra vida.

CUANDO HAY CORAJE Y ALIENTO, EL PROGRESO ES MAYOR.

¿Te imaginas qué maravilloso escuchar a la Iglesia alentando a sus líderes para alcanzar el propósito, en lugar de quejarse y ponerle al líder cargas que casi son imposibles de llevar? La pregunta que me hice para ver qué tan duros somos con nuestros líderes fue: ¿cuánto hace que no le doy unas palabras de aliento a quien va delante de mí? Lo increíble fue que me di cuenta de que muy pocas veces en la vida bendije a mi líder o a mi pastor, que dan su vida, su tiempo y hasta dejan a su familia para bendecir mi vida. Increíblemente, yo nunca creí que ellos necesitaran aliento o palabras mías para seguir. Lo mejor que puedes hacer para darte cuenta de esto es pensar qué pasaría si todos los que lideras te dieran palabras de aliento a diario. ¿Cómo te sentirías?

Un día en un entrenamiento, puse a los pastores y líderes delante de los jóvenes, y sorpresivamente cada uno de los jóvenes comenzó a agradecerles y a darles palabras de aliento por todos los años de servicio y amor que había recibido por parte de ellos. Lo que sucedió fue que cada uno de esos líderes rompió en lágrimas y descargó años de dolor, frustración y soledad, sintiendo que todo el esfuerzo que había realizado había valido la pena. Salieron renovados del lugar, y en la cena me contaron que sus fuerzas se habían multiplicado. Todos me dijeron que ahora eran aptos para llegar al siguiente nivel en sus grupos juveniles; que sentían que Dios mismo los había alentado y agradecido. En pocas palabras, Jesús mismo les había lavado los pies y los estaba llevando hacia la meta por medio de graznidos divinos que estaban realizando los integrantes de sus grupos.

La pregunta hoy es: ¿Te atreves a bendecir a tus líderes, a los que se la jugaron por ti, a aquellos que parece que no lo necesitan? Si tú les escribes, o les envías un regalo, o los abrazas y les alientas a seguir, muy probablemente rompas en llanto y sientas que Dios mismo les está hablando por medio de ti. El día es hoy, no lo pienses más. Corre a bendecir y a alentar a tus líderes, diles cuánto los amas, y verás en sus rostros una renovada fuerza de parte de Dios solo porque tú te has dispuesto a dar graznidos de victoria para llegar a la meta.

¡No me mates, soy tu hermano!

Cuando un ganso se enferma, es herido o está cansado y debe salir de la formación, otros salen de la formación y lo acompañan para ayudarlo y protegerlo. Permanecen con él hasta que muera o sea capaz de volar nuevamente, sin importar que tengan que alcanzar luego a su bandada o integrarse a otra formación.

Estemos unidos el uno al otro. Pese a las diferencias tanto en los momentos de dificultad como en los momentos de esfuerzo, si nos mantenemos el uno al lado del otro, apoyándonos y acompañándonos, hacemos realidad el espíritu de equipo. Si pese a las diferencias podemos conformar un grupo humano para afrontar todo tipo de situaciones, la vida será más simple y el vuelo de los años más placentero.

Una de las cosas incomprensibles que me llevaré a la tumba es por qué la Iglesia es el único ejército que mata a sus propios heridos. En lugar de salir a socorrer a sus heridos en combate, los deja tirados en el campo de batalla y hasta los expone públicamente para evitar que vuelvan a las filas. Solo pensemos en el ejemplo de los gansos; si alguno cae herido o se enferma, otro de la formación sale en su ayuda. En realidad, lo único que puede hacer es acompañarlo y alentarlo, pero lo maravilloso es ver el

LA IGLESIA ES EL ÚNICO EJÉRCITO QUE MATA A SUS PROPIOS HERIDOS.

ejemplo de quedarse con el herido hasta su muerte o hasta su recuperación. ¿Estamos dispuestos como Iglesia a quedarnos con el herido "perdiendo el tiempo", o mejor lo dejamos tirado porque preferimos "conquistar el mundo" antes de ayudar a uno que recorrió kilómetros con nosotros? En ese caso, lo único que pienso es qué pasaría si caigo o me tropiezo: ¿quisiera yo que alguien me venga a ayudar?

Recuerdo que recién casados Lali y yo servíamos al Señor con todo el corazón, y aunque la iglesia era muy pequeña, teníamos actividades casi todos los días. Algunos de los hermanos comenzaron a hablar mal de nosotros, y mi esposa se desalentó de tal manera que no tenía más ganas de asistir. Entre nosotros empezaron a ocurrir varios problemas matrimoniales y casi nos hablábamos solo para lo indispensable. Tuvimos a nuestro pequeño, y eso ayudó a estar más alejados aún.

Todavía recuerdo el dolor de mi corazón y cómo empecé a pensar que ya no podíamos seguir así, cuando de repente nuestro pastor llegó a casa a tomar mate, y se dio cuenta de la situación tan terrible que atravesábamos. En lugar de acusarnos o reclamarnos, empezó a reunirse con nosotros hasta que la situación cambiara. Durante casi un año nos reuníamos para hablar y para enseñarnos. Nos tuvo mucha paciencia. Gracias al tiempo que él invirtió, hace veinte años que seguimos juntos, luchando y ayudando a otros a salir del lugar oscuro en el matrimonio, hasta encontrar la salida. ¿Qué hubiera pasado si Edgardo, nuestro pastor, no se hubiera quedado con nosotros? ¿Estaríamos juntos aún? En realidad no lo sé, pero de lo que estoy seguro es que alguien se la jugó por nosotros y estuvo dispuesto a quedarse el tiempo que fuera necesario para bendecir nuestras vidas. Gracias a gente como él, hoy día Lali y yo predicamos a miles de personas cada año y compartimos nuestra historia de amor.

En esto consiste el Reino de Dios: en darnos entre nosotros otra oportunidad. Jesús le dio a la mujer adúltera una oportunidad de cambiar su vida de adulterio; a Pedro, de volver a reafirmar su fe y morir por la causa de Aquel al que había negado tres veces; al recaudador de impuestos, de devolver lo que había robado. No hay posibilidad de creer o de vivir otro evangelio. Son demasiados ejemplos de cómo debemos dar las mismas oportunidades que Dios nos dio a cada uno de nosotros. Cada vez que acusamos con un dedo a alguno de nuestros hermanos, tres dedos nos apuntan a nosotros. Esto me lo enseñó un anciano, y a partir de ese día me convertí en una posibilidad de cambio para los que me rodean, sabiendo que solo estoy ahí por gracia porque Él me perdonó primero a mí y me dio otra posibilidad.

EN ESTO CONSISTE EL REINO DE DIOS: EN DARNOS ENTRE NOSOTROS OTRA OPORTUNIDAD.

Cada vez que te preguntes cómo se debe trabajar para el Reino de Dios, básate en esta historia y en la vida de nuestro Líder. Cuando todo empezó, se preocupó por la vida de cada uno de los que lo iban a acompañar en el viaje de tres años.

Siempre que terminamos una de nuestras cruzadas con mi equipo, nos abrazamos y juntos lloramos de alegría. Decimos que esa es la última, como sabiendo que en pocos meses Dios nos llamará nuevamente para otro desafío que casi seguro será en otro tipo de escenario. El equipo de gansos seguirá trabajando como el primer día, en forma de V para alcanzar el mayor rendimiento. Si alguno se sale de la formación, tarde o temprano reconoce que juntos hubiera sido mejor. Si alguno cae herido, lo vamos a buscar y nos quedamos con él hasta que vuele otra vez, nos alentamos a cada paso, y no me cabe duda de que ellos lo hacen mejor que yo. Hemos aprendido a valorar a los demás, y cada uno es tan importante que preferimos priorizar el estado de ánimo y su vida antes que cualquier actividad u objetivo.

Las personas son más importantes que nuestros templos, nuestros proyectos y nuestros sueños. Por eso, aunque el trabajo parezca muy tedioso y lento, de eso se trata el evangelio: no de fabricar multitudes que no tienen una experiencia personal con Jesús, sino de hacer discípulos a todas las naciones, bautizándolos y enseñándoles todas las cosas. Hacerlo juntos y unidos en un mismo espíritu es más importante que lograrlo solos. Si Jesús dejó todo en manos de su equipo, la Iglesia, ¡no pudo estar equivocado!

LAS PERSONAS SON MÁS IMPORTANTES QUE NUESTROS TEMPLOS, NUESTROS PROYECTOS Y NUESTROS SUEÑOS.

CAPÍTULO 9

TRANSFORMACCIÓN ESTRATEGIAS DE GUERRA

En este capítulo abriré el cofre de los secretos para compartir todo lo que nos ha sucedido durante estos años de ministerio y cómo Dios nos fue dando estrategias diferentes para cada tipo de personas, lugar o actividad.

Descubrimos que para llegar al corazón de la gente debíamos cambiar primero nosotros.

Uno de los secretos es pensarlo desde el otro y no para el otro. Generalmente, armamos nuestro proyecto pensando qué necesitan los demás. Si tienen problemas de drogas, violencia o depresión, queremos ayudarlos. El asunto es pensar desde

UNO DE LOS SECRETOS ES PENSARLO DESDE EL OTRO Y NO PARA EL OTRO.

ellos y preguntarnos: ¿Por qué esa persona va a querer nuestra ayuda? ¿Por qué esa persona confiará en nosotros? ¿Cuál es la razón que lo va a acercar a nuestra propuesta? Y luego como si nada, ¿pondrá el destino de toda su vida en manos de desconocidos?

Para lograr el objetivo de llegar con el mensaje de Jesús a cada corazón, debemos tener en cuenta que debemos salir de nuestro caparazón y de nuestra idea de convertir a las personas en evangélicos y no en cristianos.

Nuestra misión es que experimenten el tener un encuentro personal con Jesús y que puedan comenzar a vivir una vida cristiana. Con mucho dolor, veo a gente que quiere conocer a Jesús y la alejamos con nuestra cultura evangélica. Tuvimos que aprender y escuchar qué es lo que más le molesta de nuestra cultura a una persona nueva. Tuvimos que sacar nuestros modismos, y solo enfocarnos en el mensaje de Jesús por medio del arte y la ayuda a gente en situación de riesgo, de todas las maneras creativas posibles.

El lenguaje

Una de las causas por la cual la gente se aleja es nuestro lenguaje. La mayoría no entiende de qué les estamos hablando. A esto lo llamo hablar en Reina-Valera. Pretendemos llegar a lo profundo de su corazón con palabras y frases que para ellos no significan absolutamente nada. "Concupiscencia", "redención", "cordero inmolado" y tantas otras palabras no le trasmiten nada al oyente que se acerca por primera vez. Casi con seguridad necesitaría tomar un curso de

CUANDO QUIERAS COMUNICAR UNA VERDAD, HAZLO DE LA MANERA MÁS SENCILLA POSIBLE.

Teología Básica antes de tener un encuentro con Dios. Y ni hablar de algunos de nosotros que hablamos de una manera dentro del templo y fuera dejamos el modo evangélico y hablamos como seres humanos normales. Cuando quieras comunicar una verdad, hazlo de la manera más sencilla posible.

Cuando Jesús hablaba, lo hacía en un lenguaje acorde al oyente. Sus parábolas eran historias de la vida que se podían aplicar a las verdades eternas, pero el campesino más sencillo podía entenderlas y aplicarlas a su vida.

Este secreto es el más básico para una comunicación efectiva donde el receptor necesita decodificar el mensaje del emisor. Pero si lo hacemos con un lenguaje que él no puede entender, simplemente no podremos llegar a la decisión tan esperada de que pueda conocer el amor de Dios.

Es tan básico este principio que lo pasamos por alto, y creemos que todas las personas que pasan adelante en una iglesia han aceptado a Cristo. Pero si nos tomáramos el tiempo para preguntarles por qué pasaron, ellos te dirán "porque me hizo bien", "porque necesito una sanidad", "porque estoy mal con mi esposa", "porque estoy mal económicamente". Una minoría dirá: "porque acepté a Jesús en mi corazón".

SEAMOS DIRECTOS, SIMPLES Y CLAROS. COMO LO FUE JESÚS.

Seamos directos, simples y claros. Como lo fue Jesús.

El mensaje

El dilema más importante está entre qué mensaje

queremos que la persona reciba y qué mensaje la persona puede entender o decodificar. Muchas veces pretendemos que alguien tenga una enseñanza con personajes bíblicos que no conoce y no significan nada para él. Las personas necesitan identificarse con situaciones que viven a diario; desde ese lugar, debemos llevar el mensaje a lo profundo de su corazón. Por lo tanto, quienes tenemos que cambiar el mensaje para llegar a las personas somos nosotros.

El mensaje debe ser claro y directo, fácil de entender. Cuantas más historias de vida, más posibilidad de empatía. Como nuestro ministerio está basado en jóvenes, utilizamos la sonrisa y el humor para que las personas pierdan el miedo a un mensaje religioso. Esto hace que las personas se relajen y estén abiertas a escuchar o a ver un mensaje trascendental para sus vidas. ¡Pareciera que lo divertido tiene que ver con el infierno y lo aburrido tuviese que ver con Dios! La salvación es alegría, libertad, danza, gritos, lágrimas, esperanza, amor, fe. Y todo esto es positivo y tiene que ver con Dios.

EL MENSAJE DEBE SER CLARO Y DIRECTO, FÁCIL DE ENTENDER. CUANTAS MÁS HISTORIAS DE VIDA, MÁS POSIBILIDAD DE EMPATÍA.

Un médico judío hace muy poco tiempo me dijo: "Yo quiero ir a ver la iglesia de ustedes, no porque me quiera hacer evangélico, pero me interesa cómo plantean ustedes la experiencia con Dios. No lo hacen desde los argumentos religiosos, sino desde el cambio de vida de las personas, y eso me llama la atención. Voy a ir". Claro que me sorprendí, ya que yo no lo había invitado, sino que él mismo decidió invitarse. Eso es maravilloso, y tenemos que lograr que las personas quieran llegar a un lugar donde lo que se habla es del amor de Dios que transforma sus vidas, y en consecuencia, su conducta y sus familias. Las personas anhelan esto, cualquiera que sea su nivel social.

Recuerdo a alguien que antes de subir a la plataforma me dijo que no había preparado el mensaje porque el Espíritu le iba a dar qué hablar. Eso me dejó intrigado, y me pregunté si esa era la manera correcta de dar un mensaje. Creo que a veces nuestra falta de preparación y oración en lo íntimo nos lleva a "improvisar" y atribuírselo a Dios, cuando en realidad debemos prepararnos durante horas para dar un mensaje de salvación, que también fue dado por Dios.

Formato de la reunión

Quien dirige la reunión, la música, los videos y los diferentes elementos de arte sabe que estos deben acompañar al mensaje. Una de las cosas más risueñas que he visto al querer alcanzar a personas para Cristo es que hacemos exactamente la misma reunión que el domingo, pero en la calle. Muchas iglesias utilizan la reunión del domingo para adorar a Dios exclusivamente, y está bien; otras como una reunión de derramamiento del Espíritu Santo, y está bien. Otras la celebran como una reunión de milagros, y está bien; pero cuando se trata de evangelizar, el único objetivo es que la persona tenga un encuentro personal con Jesús. Por eso debemos saber que a la hora de hacer evangelismo, debemos conectar a las personas con nuestra propuesta por medio de temas y cosas que sean relevantes e interesantes para ellos, y conectarlos con el Dios que perdona, salva y está interesado en sus vidas.

La pregunta es: ¿queremos hablarles a otros de Jesús, o solo queremos convertirlos a nuestras costumbres evangélicas? La verdad es que yo no sé si Jesús decía "Amén" tantas veces y repetía frases a los que estaban sentados a su lado. De lo que estoy seguro es que amaba y compartía sus días con personas que necesitaban el amor de Dios. Como dice la Biblia, se sentaba a comer con publicanos y pecadores; ¿y tú?

No creo que cuando Jesús hacía eso comenzaba a explicarles sobre teología o historia del judaísmo, sino que escuchaba sus historias de vida y compartía cómo Dios puede cambiar el rumbo de una persona cuando nos ponemos en sus manos. ¡Simple!

Desde el frente

En cada uno de los proyectos que desarrollamos tenemos estrategias diferentes, y quisiera compartirlas para inspirar y motivar a otros alrededor del mundo para salvar a esta generación con el mensaje de Jesús.

Jesus Fest o *12/12*[1]

¿Cómo nació? Nació de la necesidad de compartir el evangelio de Jesús en el lenguaje de las personas. Se desarrolla en parques de diversiones o en un ambiente asociado a múltiples actividades de diversión. En los eventos tenemos entre tres a cuatro escenarios, donde hay actividades para niños y adultos.

El evento es parte de un proceso de transformar a los jóvenes de ser espectadores a ser protagonistas. Se realizan *casting* de bandas, coreografía y arte para que cientos de jóvenes puedan compartir el mensaje de Jesús en un megaevento, pero ahora siendo parte de la historia. Una de las fortalezas del *Jesus Fest* es generar en los jóvenes esas ganas de trabajar unidos para un fin común. Hay que dejar las cómodas butacas del templo para ser protagonistas en un escenario fuera del ámbito religioso. *Grafitis, DJ, skats park,* bandas musicales, zancos, payasos, obras de teatro y musicales son algunas de las tantas manifestaciones artísticas para llevar el mensaje de Jesús a los jóvenes.

Muchas historias han surgido de este evento. Recuerdo que luego del segundo *Jesus Fest*, el parque de diversiones que usábamos se clausuró y tuvimos que trasladarnos a un parque de diversiones privado. Tuvimos una reunión con el gerente, que nos dijo que el parque solo se alquilaría un viernes y exclusivo para nosotros, que no había ninguna posibilidad de hacerlo un día de parque abierto, y que el alquiler saldría en 100 mil dólares como se alquiló a Coca-Cola o a la empresa Ford. Mi rápida respuesta fue que nosotros tenemos mucho en común con esas poderosas empresas. Ellas tienen mucho dinero; nosotros tenemos mucha fe. Las dos tenemos mucho con lo que creía que podíamos llegar a un arreglo. Luego de dos horas de reunión y de mostrar nuestro trabajo, nos dieron el parque para compartir y hablar de Jesús un sábado a puertas abiertas y sin pagar una sola moneda por anticipado.

Hasta la fecha, más de 150 mil jóvenes han participado en los *Jesus Fest*, y miles han conocido su amor por medio de sus amigos, a través de una manera diferente de presentar el mensaje de salvación.

Summer Hope[2]

Estábamos de vacaciones en la playa mi familia y yo hace unos años, y vimos una multitud de personas que tomaban sol o jugaban sin hacer nada. Pensamos que si podíamos darles en cinco minutos un mensaje que les llamara la atención con nuestra forma de hacerlo, podríamos ver a miles a los pies de Jesús. Vimos a decenas de vendedores de comidas y accesorios pasar por en medio de las sombrillas, y también a jóvenes que invitan a bailar a los más jóvenes por las noches. Así se nos ocurrió duplicar la apuesta con un ejército de jóvenes que invitaran a un megaevento.

Convocamos a cientos de jóvenes a dedicar una semana completa de sus vacaciones para impactar una ciudad balnearia. Durante esos días invadimos el lugar con alegría, amor y mucho trabajo. Desde la mañana temprano salimos a recorrer las playas, todos vestidos con las mismas camisetas, trajes de baño y con los mismos folletos. El impacto visual es increíble cuando uno ve llegar a cientos de jóvenes con mucha alegría a compartir que dejaron sus vacaciones para ayudar a otros jóvenes a salir de las adicciones, o ser una ayuda para alguien que lo necesite.

Realizamos todo tipo de actividades con la gente: clases de aeróbicos, gimnasia, danzas, y hasta armamos juegos grupales con ellos para terminar contándoles quiénes somos y por qué lo hacemos. Además, los invitamos a ser parte del espectáculo de cierre del último día. Cada uno de los elementos que usamos está pensado para llamar la atención de las familias en general, desde los colores, la alegría, la sonrisa. Hasta los artistas que participan son personas cristianas que las personas reconocen de su vida secular, y son los mejores interlocutores del mensaje de Jesús. Sus testimonios hacen que muchos se emocionen y tomen una decisión por cambiar sus vidas en esa noche. Es una noche de fiesta para todos y una noche de celebración en los cielos por muchos que, sorprendidos por un festival de fe, se encuentran en la playa con Dios.

Recuerdo que el primer *Summer Hope* lo realizamos con un pastor amigo que tenía algunas iglesias en la costa. Algo que nos llamaba la atención era que el intendente del lugar menospreciaba lo que iba a suceder. A pesar de que el gobierno mismo nos dio la autorización para realizarlo, a solo unos kilómetros hizo un festival con un grupo conocido de rock para la misma fecha y la misma hora. Sabíamos que era una batalla espiritual y oramos por ello. Pero redoblamos esfuerzos para contagiar a la multitud a ser parte de *Summer Hope.* Repartimos ese verano 250 mil folletos mano a mano en varias playas de la costa atlántica. Para nuestra sorpresa, más de 20 mil personas fueron parte del Summer Hope esa noche, y estábamos más que felices. Pero la sorpresa mayor fue que el intendente vino a vernos y a felicitarnos, y nos dijo textualmente: "Los felicito porque menosprecié su trabajo. En el recital que yo organicé solo hay 4.000 personas y ustedes tienen más de 20 mil". Luego de esto, hemos hecho otro Summer Hope en Argentina, y en Brasil se repiten año tras año.

One World[3]

One World nació en el mejor momento de los *Jesus Fest,* llamados 12/12 en ese tiempo porque comenzaban a las 12 del mediodía y terminaban a las 12 de la noche.

Iba de viaje a Venezuela a un congreso de jóvenes, y en medio de una tormenta empecé a ver la película *Todopoderoso 2.* Al comienzo me pareció muy irreal, pero a medida que transcurría la historia, se parecía más y más a la mía. Comencé a llorar y a sentir que Dios quería compartirme algo muy profundo. Cuando la película está llegando al final, las personas salen corriendo hacia al área que había construido el personaje principal, y a partir de allí no pude ver más la película. Empecé a escribir lo que sería *One World,* como si Dios me pudiera dictar. Dios me decía que miles de jóvenes correrían a áreas, y que mi trabajo era realizar áreas en toda Latinoamérica. Imaginé que eso sería realizar los *Jesus Fest,* pero estaba convencido de que debía matar a mi Isaac, haciendo referencia al único hijo de Abraham. Yo estaba dispuesto a darle a Dios lo más preciado en mi vida con tal de ver a miles predicando a Jesús en las calles del mundo. Admito que me dolió, pero estaba aprendiendo la lección: no se trata de mí, se trata de Jesús.

Luego de un año puse manos a la obra, y a fines de 2009 estábamos presentando *One World* en varios congresos en el mundo. Cantantes, líderes juveniles, pastores muy reconocidos como Luis Palau, Alberto Motessi, Radamel Falcao, Marcos Witt, Ricardo Montaner, Danilo Montero, Funky, Redimi2, entre más de una centena de líderes, se han sumado a este movimiento de evangelización mundial. Más de cuarenta países están siendo parte, y cientos de ciudades con miles de vidas fueron tocadas por jóvenes que realizaron *One World.*

¿En qué consiste? Son diez días de evangelismo práctico fuera de los templos, que comienzan el 1 de octubre de cada año. El cierre se realiza el 10 de octubre en el *Día Mundial de la Juventud con Valores Cristianos.* La estrategia es utilizar la misma camiseta con la inscripción "*OneWorld.org*" para llevar ayuda a la gente en las calles, hospitales, cárceles, charlas de valores en colegios, universidades, festivales, eventos deportivos y solidarios. En resumen, cualquier actividad que comparta el amor de Dios en forma práctica con aquellos que no lo conocen.

El objetivo es reunir cada año mil ciudades que movilicen mil jóvenes cada una para alcanzar a un millón de jóvenes en las calles. ¿El lema? "Un millón de razones para ser uno".

Una de las historias que recuerdo con alegría sucedió en México. El gobierno de Sinaloa vio lo que hacían los jóvenes en las escuelas llevando valores, y con mucha alegría firmamos un acuerdo donde los medios como

Televisa, CNN Español y otros registraron que nos abrían las puertas de todos los colegios para combatir la violencia en ese estado. Un sueño cumplido: ser luz y llevar la luz de Jesús a la sociedad.

Street Training Tour

Muchos nos preguntaban cómo hacer para entrenarse con los *Jesus Warriors* y todo el equipo de colaboradores, en cuanto al arte, el trabajo social y la visión. *Street Training* consiste en una jornada de doce horas en la cual vertimos todos los conceptos que usamos para evangelizar: cómo trabajamos en los hogares, escuelas, rehabilitación de adicciones, acoso escolar, bulimia y violencia familiar.

Todo el entrenamiento gira sobre tres conceptos fundamentales: el crecimiento interno, el protagonismo y la transformación. El primero será un cedazo para muchos que creen que la vida cristiana se trata de una serie de actividades para cambiar el mundo. Lo primero que compartimos es que es imposible ganar el mundo si no conquistamos primero nuestra propia vida. Este es el motivo por el cual muchos terminan frustrados o alejados del propósito, ya que nunca entendieron que esta guerra se lucha con armas espirituales y el primer campo de batalla es nuestro corazón.

ES IMPOSIBLE GANAR EL MUNDO SI NO CONQUISTAMOS PRIMERO NUESTRA PROPIA VIDA.

El segundo concepto habla de posicionar a los jóvenes hacia otro lugar en la escena de la vida. Dios no nos ha creado solo para criticar o condenar lo que los líderes de este tiempo, llámese políticos, artistas o deportistas, hacen fuera de la ley de Dios. Nuestra misión es vivir y mostrar un liderazgo diferente mediante un modelo de vida cristiano que desafíe a esta generación a comparar los modelos fuera de Dios y los nuestros. A esto lo llamamos salir de las tribunas para ingresar al campo de juego. Nos encanta mirar desde las butacas cómo otros grandes hombres son usados por Dios, los aplaudimos y hasta creemos por un momento que somos nosotros los que estamos jugando ese partido de la fe. Sin embargo, tengo que confesar que como en la historia de Gedeón, solo el uno por ciento está dispuesto a dar sus sueños, dinero, tiempo y hasta su propia vida para ser protagonista de llevar la bandera de Jesús bien en alto en una sociedad decadente. Prefiero morir en las calles predicando y sirviendo a otros que en el banco de una iglesia. Por último, hablamos de que no se puede cambiar al mundo sin acciones concretas, que por más pequeñas que parezcan, cambian el destino de una persona y bendecirán a muchos en no mucho tiempo.

Si Jesús solo hubiese hablado, hoy lo recordaríamos como uno de los mejores expositores de la historia, pero su mensaje lo confirmó con su propia vida, y sus hechos finalmente hablaron más fuerte que sus palabras. La transformación en la sociedad se hace visible cuando comprometemos nuestra propia vida con el mensaje que predicamos.

CAPÍTULO 10

ÚNICO ANTE DIOS

Aquella tarde sería para mí, definitivamente, la tarde más importante de mi vida. Me había preparado durante tres años para lograr el campeonato nacional de atletismo, y llegaría a lo más alto que pudiera. Cinco veces a la semana impregnaba mi vida de este sueño, entrenando por más de tres horas en una dura rutina. Casi solitario en la pista, veía cómo semana a semana caían mis tiempos, y estaba muy cerca de llegar al tiempo que me había propuesto a principios de año. Recuerdo la adrenalina que me produjo ver la pista, y los cientos de atletas que lucharían por obtener una medalla y un lugar en el podio del campeonato nacional de atletismo. Todo era expectativa aquel día, en aquellos 1.500 metros que marcarían esta etapa.

NO ES VENCEDOR SOLAMENTE AQUEL QUE SE SUBE AL PODIO, SINO QUIEN SE ESFUERZA POR SUPERARSE Y ALCANZAR EL PROPÓSITO EN SU VIDA.

Así comencé la carrera, diciéndole a Dios que le dedicaría un lugar en el podio. Pero faltando 100 metros para llegar a la meta, todo comenzó a derrumbarse. Estaba en el sexto lugar, y mis ojos veían cómo los tres primeros lugares se esfumaban de mis manos. Tras un duro trabajo, la ilusión se me escapaba como arena entre mis dedos. Todo terminó como el despertar de una horrible pesadilla. No pude subir al podio, y con solo catorce años aprendí que no es vencedor solamente aquel que se sube al podio, sino quien se esfuerza por superarse y alcanzar el propósito en su vida. Dios me llevaría a través de los años del podio al altar.

Del podio al altar

Para poder ver una transformación en tu nación, deberás exponer tu corazón delante de Dios. Durante este capítulo podrás abrirlo para que las verdaderas motivaciones salgan a la luz y puedas tomar del corazón de Jonatán el ser parte del plan de Dios, matando el corazón de podio que hay en ti. He aprendido que la comparación entre personas es el veneno más poderoso que el enemigo puede derramar en un corazón. He visto a personas mentir, difamar, enojarse con otros, usar números evangelísticos para medir su éxito y mucho más, por estar sumidos en una competencia para ver quién es el más grande.

Jesús enseñó sobre esto a los discípulos. Parecería como si fuera hoy. *"Surgió entre los discípulos una discusión sobre quién de ellos sería el más importante. Como Jesús sabía bien lo que pensaban, tomó a un niño y lo puso a su lado. —El que recibe en mi nombre a este niño—les dijo—, me recibe a mí; y el que me recibe a mí, recibe al que me envió. El que es más insignificante entre todos ustedes, ése es el más importante"* (Lucas 9:46-48).

La historia más increíble que existe en la Biblia para poder entender la diferencia entre corazón de podio y corazón de altar podemos verla en la vida de Jonatán. Él entendió la importancia y el significado de cumplir el propósito de Dios en su vida antes que su propósito personal. Definitivamente, Jonatán creció con la ilusión de ser el sucesor de su padre. Desde muy pequeño fue educado como príncipe, y su enseñanza y entrenamiento para la batalla habían sido de lo mejor de Israel. Su padre, el rey Saúl, fue el primer rey de Israel, y el pueblo ya imaginaba cómo sería la vida con el príncipe, aquel que traería un renuevo a Israel.

Hasta Jonatán mismo comenzó a soñar con aquel día que todo príncipe espera: el ser coronado y vestido como rey de la nación, y ser la autoridad máxima y que las decisiones más trascendentales pasaran por su trono. Él mismo marcaría el rumbo de una multitud de personas que mirarían a un hombre forjar el destino de una nación. Ese sería Jonatán. Pero sucedería un hecho en la vida de Jonatán que cambiaría definitivamente su manera de pensar y su rumbo en la vida. Un joven de aproximadamente su misma edad había dado muestras de que Dios quería usarlo de una manera muy especial en Israel. Ya todos hablaban de la gran victoria contra Goliat y los filisteos, marcando un antes y un después en la nación.

Los judíos estaban en uno de los mejores momentos de la historia en cuanto a su poderío militar, pero un adolescente llamado David utilizó el arma más poderosa que poseía Israel para pelear contra sus enemigos: la fe. Esto cautivó el corazón de Jonatán, que escuchó de David mismo la historia del ungimiento y la profecía que había recibido por medio del profeta Samuel. ¡Y si había algo por lo que Jonatán daría su propia vida y cambiaría su destino y el de su nación era por la voluntad y el designio de Dios! Él estaba dispuesto a dejar su reino con tal de agradar a Dios. ¿Estás dispuesto verdaderamente a seguir su voluntad aunque eso te cueste quedarte a un lado sin tener repercusión pública o carecer de reconocimiento? ¡Jonatán sí!

Comparación: El arma del diablo para destruir corazones y reinos

"Ahora bien, cuando el ejército regresó, después de haber matado David al filisteo, de todos los pueblos de Israel salían mujeres a recibir al rey Saúl. Al son de liras y panderetas, cantaban y bailaban, y exclamaban con gran regocijo: «Saúl destruyó a un ejército, ¡pero David aniquiló a diez!» Disgustado por lo que decían, Saúl se enfureció y protestó: «A David le dan crédito por diez ejércitos, pero a mí por uno solo. ¡Lo único que falta es que le den el reino!» Y a partir de esa ocasión, Saúl empezó a mirar a David con recelo" (1 Samuel 18:6-9).

Compararse con otros es más destructivo de lo que parece. Toda tu vida, en cada acción o logro que obtengas, volverás a mirar el espejo y te compararás con la otra persona que odias íntimamente. Parece como un fantasma que aparece cada vez que realizas algo y no puede soltarte, porque has decidido que esa sea tu medida. No podrás salir de este juego casi satánico hasta que no aprendas a dejar el corazón de Saúl.

COMPARARSE CON OTROS ES MÁS DESTRUCTIVO DE LO QUE PARECE.

Mientras David comenzó a afirmarse como el gran capitán del ejército, Saúl el rey comenzaba la peor etapa de su vida porque discutía con Jonatán, quien lo sucedería en el trono, en forma muy acalorada. Jonatán estaba completamente convencido de que Dios había elegido a David para ocupar ese lugar.

"Al día siguiente, el espíritu maligno de parte de Dios se apoderó de Saúl, quien cayó en trance en su propio palacio. Andaba con una lanza en la mano y, mientras David tocaba el arpa, como era su costumbre, Saúl se la

arrojó, pensando: «¡A éste lo clavo en la pared!» Dos veces lo intentó, pero David logró esquivar la lanza. Saúl sabía que el SEÑOR lo había abandonado, y que ahora estaba con David. Por eso tuvo temor de David y lo alejó de su presencia, nombrándolo jefe de mil soldados para que dirigiera al ejército en campaña. David tuvo éxito en todas sus expediciones, porque el SEÑOR estaba con él. Al ver el éxito de David, Saúl se llenó de temor. Pero todos en Israel y Judá sentían gran aprecio por David, porque él los dirigía en campaña" (1 Samuel 18: 10-16).

Saúl no quería renunciar al poder y a la influencia que había tenido en el pueblo. Dios lo había desechado por su corazón y desobediencia. Había demostrado que amaba más el trono que a Dios, de tal manera que hasta había consultado a una bruja en lugar de consultar a Dios.

No soportaba que un humilde músico de arpa y pastor de ovejas hubiera sido elegido por Dios para desplazar a su familia del trono de Israel. Me atrevo a agregar lo que se escuchó decir a Saúl: "¿Quién se cree que es Samuel, Dios, para poner y sacar reyes de Israel como si fuéramos muñecos?". Saúl nunca aceptó que debía hacerse a un lado para que la voluntad de Dios se cumpliera en su pueblo. Ya su tiempo se había terminado, y una nueva etapa debía comenzar para un pueblo que no le pertenecía a Saúl, sino a Dios.

Corazón de altar

Jonatán, sin embargo, era quien tenía mucho más que perder que su propio padre Saúl, que ya había reinado durante varios años. No obstante, el corazón de Jonatán era conforme al de Dios: un corazón de altar. Jonatán amaba a Dios más que a todas las cosas en este mundo. Por eso repetía con su boca y sus actitudes diarias:

"Amarás al Señor tu Dios, con todo tu corazón, y con toda tu alma y con toda tu mente" (Mateo 22:37, RVR1960). No era parte de su religión, era parte de su vida. Servir a Dios era su destino, y aunque su vida estuviera en peligro, él estaría dispuesto a entregarla con tal de agradar a su Dios. Jonatán llegó a comprender la soberanía de Dios, lo que todos deberíamos aprender. La mayor lección que aceptó fue saber que por encima de su voluntad está la voluntad del Padre. Se sujetó al ver que Dios ponía a David en su lugar, porque comprendió que más allá de sus caprichos primeramente está el plan de Dios sobre todos.

¡Cuidado! ¡Que por querer concretar nuestros sueños no estemos interfiriendo en el plan de Dios! Jonatán lo entendió y simplemente dio un paso a un lado, una decisión aún más importante que asumir cualquier reinado.

"Una vez que David y Saúl terminaron de hablar, Saúl tomó a David a su servicio y, desde ese día, no lo dejó volver a la casa de su padre. Jonatán, por su parte, entabló con David una amistad entrañable y llegó a quererlo como a sí mismo. Tanto lo quería, que hizo un pacto con él: Se quitó el manto que llevaba puesto y se lo dio a David; también le dio su túnica, y aun su espada, su arco y su cinturón" (1 Samuel 18:1-4).

La decisión de Jonatán fue recompensada. Dejó el lugar que le correspondía por obediencia a Dios, ¡y no por ganas! Dios le regaló un amigo de verdad; un regalo que no habría recibido si Jonatán hubiera tomado el trono.

Hacer nuestra voluntad nos quita amigos verdaderos y nos llena de falsos amigos. Jonatán le había entregado al ungido de Dios sus mejores tesoros:

Su lealtad y amistad: Aunque su amado padre se opusiera a la voz de Dios, él sería fiel a David y lo cuidaría, incluso poniendo en riesgo su propia vida.

Su posición de príncipe: Si hay algo que demuestra con hechos y no con palabras que Jonatán reconocía que David era el príncipe que Dios había elegido, fue la entrega de su túnica real. A partir de ese día, todos verían en David el sucesor de la corona real, pues ahora se vestiría como príncipe por dentro y por fuera.

Su reinado: Al entregarle todas sus armas, también estaba mostrando en forma física y palpable todo el poder que otorgaba ser hijo del rey, y la posibilidad de reclamar el reino.

Saúl murió con corazón de podio, lleno de ambición, bronca y tristeza; en fin, el lugar que muchos cristianos conocen y que está muy lejos de la presencia de Dios. Saúl no entendió los propósitos de su soberano gobierno. Dios trabaja por llamado, ¡y no por puestos!

DIOS TRABAJA POR LLAMADO, ¡Y NO POR PUESTOS!

Jonatán finalmente desapareció de la Biblia y de los libros de historia, y sería tomado por muchos como un segundón. Sin embargo, en el cielo y en este libro será recordado como un hombre con corazón de altar; amó más a Dios que a su propia vida. Entendió que su vida de fe era simplemente un viaje del podio al altar. ¡Y lo logró!

Jonatán lógicamente es la anti imagen del éxito de este tiempo, donde los cristianos exitosos hacen sus apariciones como algún artista de cine, se visten y se producen para un espectáculo mediático. Hasta predican un mensaje que se parece a una conferencia de mercadeo de una compañía, donde el fin nada tiene que ver con la voluntad de Dios, sino con la manera de ser un cristiano exitoso.

No se trata de un lugar en el podio, sino de entender la voluntad de Dios para mi vida.

No se trata de competir, sino de compartir.

No se trata de ver en el otro al enemigo; se trata de ver en el otro a Jesús.

No se trata de mí, se trata de Él.

No se trata de ser el mejor; se trata de vivir como único ante Dios.

Algo me sucedió en los primeros años de ministerio, cuando tenía un amigo de esos por quien uno daría todo el oro del mundo. Todos nos veían como el equipo ideal, y compartíamos el ministerio juvenil y el servicio en la iglesia. Cada uno ocupaba un lugar, pero si alguien miraba desde afuera, solo decía: "Son uno". Casi con seguridad hoy seríamos un equipo increíble, pero algo terrible ocurrió. Se hizo novio de una señorita con corazón de podio, que comenzó a convencerlo de que él era "el mejor". Eso sucedió de manera lenta (método diabólico que casi no falla), y su corazón se fue contaminando por una competencia absurda con su mejor amigo y compañero de ministerio. Un día, me di cuenta de que nuestros corazones estaban muy alejados y que se había roto lo que Dios había hecho. Habíamos dado lugar al enemigo, y la unidad se había destrozado. Habíamos desplazado la búsqueda e identidad de ser "únicos" por ser "el mejor".

SER EL MEJOR SIEMPRE TE LLEVARÁ A LA IMPERIOSA NECESIDAD DE COMPARARTE CON OTROS.

Ser el mejor siempre te llevará a la imperiosa necesidad de compararte con otros y competir en una carrera despiadada por llegar primero. Tu corazón se corromperá si eliges este camino. Tu alegría se desvanecerá como arena entre los dedos, y aquel muchacho fiel, fresco y sano se convertirá en un anciano amargado que en todo encontrará la suciedad de la búsqueda por ser el mejor. Me costó mucho salir de ese pozo, y espero ayudarte a prevenirlo o a que te des cuenta hoy de que estás camino al desastre.

Ser el mejor o ser único

Jonatán eligió ser fiel ante la posibilidad del éxito humano que hubiera echado por tierra la vida del rey David. Habría sido catastrófico si no hubiera aceptado ser el número dos o hacerse a un lado. Dios habría cumplido su plan de igual manera.

Recuerdo que comencé a realizar eventos en Buenos Aires, y miles de jóvenes empezaron a participar cada año. La alegría del equipo era total y, con el paso del tiempo, veíamos cómo se abrían nuevas puertas y éramos reconocidos en toda la nación. Un líder juvenil que también realizaba cruzadas juveniles me aconsejó un día y me dijo: "Todavía todos te apoyan porque no significas una amenaza para ellos". Deseché instantáneamente ese comentario, porque pensé que él me lo dijo porque estaba herido con algunos pastores. Pero desde que me habló, recibí dos cartas de pastores que hablaban de mi corazón orgulloso y de mi problema para trabajar a favor del Reino, en lugar de en mi propia causa. Al leerlas, esas palabras golpearon mi corazón y me generaron mucho dolor. En ese momento recordé las palabras de este líder juvenil, y empecé a darme cuenta de que no sería fácil continuar, ya que muchos escribían o decían lo que en realidad habitaba en sus corazones. Se habían comparado conmigo como lo hizo Saúl con David. Y para colmo de males, el líder juvenil, luego de algunos años, escribió un libro que hablaba del final de mi ministerio, atacando mi integridad.

La tentación estuvo ahí. La tentación fue compararme con cada uno de ellos, con su forma de vida, con su forma de pastorear, con lo lejanos que son a las personas. ¡Tengo mil razones para compararme y suponerme ganador! Y ese finalmente sería un corazón de podio. Pero también un pastor muy sabio me aconsejó y me dijo: "Ale, bájate del ring y ya no habrá más pelea. Dime, ¿qué dice Dios de tu corazón? ¿Acaso lo que haces no es único? Dios te ha llevado a predicar a parques de diversiones, a las playas, a parques públicos, a llevar un proyecto para levantar líderes juveniles en todo el mundo. Seguramente no eres el mejor, pero te aseguro que eres único".

Dios quería tratar con mi vida y enseñarme de qué se trata la vida. Era Dios quien me había elegido y me quería en su equipo, no como alguien que se mide con otros, sino como único delante de Dios.

Cada mañana debemos levantarnos como un día en que Dios nos desafía a crecer más en su voluntad y menos en la nuestra; a quitar el podio de debajo de nuestros pies. Con una firme decisión, momento tras momento, saquémonos de encima la suciedad que se nos pega del mundo. No es suficiente con ayunar, orar o ir a un campamento; es una decisión diaria de tu corazón tan importante como orar y tener un devocional. La miseria humana está en todos lados constantemente. Incluso nosotros arrastramos un poco mientras vivimos, pero en todo tiempo tenemos que dejarlo caer y que no llegue a formar parte de nuestra vida.

Saúl definitivamente no lo entendió, y una y otra vez torció su rumbo con tal de matar a aquel hombre que Dios había ungido como único. A esta altura de la historia, David mantenía un corazón puro, de servicio amable, de unidad, con ideales tan altos y puros que Saúl no podría entenderlos jamás. Es más, el sueño de Saúl era matar y callar lo que Dios estaba haciendo en David. *"Al día siguiente, el espíritu maligno de parte de Dios se apoderó de Saúl, quien cayó en trance en su propio palacio. Andaba con una lanza en la mano y, mientras David tocaba el arpa, como era su costumbre, Saúl se la arrojó, pensando: ¡A éste lo clavo en la pared!"* (1 Samuel 18:10-11).

Por último, quiero compartirte un fragmento de un libro que conmovió mi vida, y no quería simplemente comentarlo o realizar una paráfrasis, sino publicarlo literalmente y animarte a leerlo.

Perfil de 3 Monarcas[1]

> *"A Saúl se le dio autoridad de Dios. Era el ungido de Dios y Dios lo trataba como tal. A Saúl también lo consumía la envidia, fue capaz de asesinar y estuvo dispuesto a vivir en las tinieblas espirituales. ¿Hay alguna moraleja en estas contradicciones? Sí, hay una enseñanza que hará astillas muchos de sus conceptos acerca del poder, acerca de los grandes hombres bajo la unción de Dios y acerca de Dios mismo.*
>
> *"Cada año hay más hombres que oran por el poder de Dios. Esas oraciones parecen poderosas, sinceras y devotas, sin móviles ocultos. Sin embargo, escondidos bajo tal oración y fervor están la ambición, el ansia por renombre y el deseo de ser considerado un gigante espiritual. El hombre que ora de tal modo tal vez ni siquiera lo sepa, pero tiene motivos y deseos secretos en su corazón. Al mismo tiempo que los hombres hacen tales peticiones, sienten un vacío interior. Hay poco crecimiento espiritual interno. La oración por el poder es el cambio corto y rápido, el desvío hacia el crecimiento espiritual interno.*

"Hay una enorme diferencia entre la vestidura exterior del poder del Espíritu y la plenitud interior de la vida del espíritu. En la primera, a pesar del poder, el hombre secreto del corazón puede permanecer inalterado. En la segunda, se trata con el monstruo.

"Algo muy interesante acerca de Dios es que Él oye todas esas peticiones de poder que le presentan los jóvenes fervorosos en cada generación... ¡y las responde! Muy a menudo, Él concede esas peticiones de poder y autoridad. Algunas veces al responderlas, les dice que sí a algunos vasos muy indignos. ¿Les da Dios el poder a los hombres indignos? ¿Su poder? ¿Aún cuando sean por dentro un montón de huesos secos? ¿Por qué hace Dios tal cosa? La respuesta es a la vez sencilla y aterradora. Algunas veces Él les entrega a vasos indignos una porción mayor de poder, a fin de que este se revele con el tiempo para que todos vean la verdadera condición de desnudez interior que hay dentro de su corazón.

"Por consiguiente, reconsidere el asunto cuando oiga al mercader del poder. Recuerde: Dios a veces da el poder a los hombres por razones incomprensibles. Un hombre puede estar viviendo en el pecado más indecoroso y el don exterior estar obrando perfectamente en él. Los dones de Dios, una vez que se dan, no pueden ser revocados. Incluso en la presencia del pecado. Además, algunos hombres viviendo tales vidas son los ungidos del Señor. Saúl fue una prueba viviente de esta realidad.

"Cuidado con lo que esté pidiendo sin una santidad correcta. Quizás Dios pueda darle miles de personas a quienes poder bendecir, quizá cumpla

con sus deseos, quizá tenga el poder que siempre ha querido tener, pero si su santidad todavía no está madura para recibirla, pasará inadvertido o sus logros serán descalificados por su falta de compromiso a una vida santa.

"Los dones no pueden ser revocados. Aterrador, ¿no es cierto? Si usted es joven y nunca ha visto semejantes cosas, puede estar seguro de que en los próximos cuarenta años las verá. Hombres sumamente talentosos y muy poderosos, considerados los líderes en el reino de Dios, cometiendo actos repugnantes y malvados.

"¿Qué necesita este mundo? ¿A hombres talentosos y exteriormente capacitados, o a hombres de quebrantado corazón e interiormente trasformados? No olvide que algunos de los hombres a quienes se les ha dado el verdadero poder de Dios han reunido ejércitos, han derrotado al enemigo, han puesto de manifiesto las poderosas obras de Dios, han predicado y profetizado con autoridad y elocuencia sin par.

Y han arrojado lanzas.

Y han odiado a otros hombres.

Y han atacado al prójimo, y han conspirado para asesinar.

Y han profetizado desnudos.

Y hasta han consultado a las brujas...".

Vive como único y no habrá comparación

Cuando Dios nos llama hijos, también nos adopta como uno. Y como un hijo adoptado, tienes derecho de herencia. Si Jonatán hubiera querido sumarse a ser el príncipe de los exitosos, habría reclamado el trono para sí. Habría clamado a Dios que él era el mejor capacitado para estar en el podio del pueblo de Israel. Pero como único, Jonatán entendió que por más que su padre cometiera los peores errores de la historia política del pueblo de Israel, él tendría una herencia que no venía de su padre biológico, sino una herencia limpia y santa proveniente del Dios celestial.

Quizás para un hombre exitoso, ser segundo y amigo del rey David sería algo para menospreciar. Pero Dios en su maravilloso plan, puso a David como respaldo de Jonatán y lo protegió. La amistad de David con Jonatán lo cuidó de la herencia biológica que tenía: un reinado que había fracasado.

Quizás muchos vivimos atados a herencias de padres biológicos, pero Dios rompe toda maldición, te da la herencia como Padre celestial y te da el especial regalo de ser único para Dios. Dios, por más herencia familiar que tengas, tiene una herencia de mucho más valor.

Quizás vivas fracasado como príncipe de este mundo, como le pasó a Jonatán, pero puedes estar seguro en la paz que Dios te da al saber que vives como único dentro de su propósito, sin importar el lugar que el hombre te otorgue en el podio.

PUEDES ESTAR SEGURO EN LA PAZ QUE DIOS TE DA AL SABER QUE VIVES COMO ÚNICO DENTRO DE SU PROPÓSITO

Único, porque me pensó así hace millones de años.

Único, porque la misión que Dios me encomendó solo puede ser cumplida por mí.

Único, porque luego de la cruz, ¡me declaró vencedor!

NOTAS BIBLIOGRÁFICAS

Capítulo 1

1. www.jesuswarriors.net
Facebook : JesusWarriorsOficial

Capítulo 2

1. Consultado en línea el 1 de junio de 2015.
http://es.wikipedia.org/wiki/Torre_Espacial
2. One World
www.oneworld1010.org
Facebook:/oneworldoficial
Twitter:@oneworld1010
3. Consultado en línea el 1 de junio de 2015.
https://www.cbn.com/mundocristiano/elmundo/2010/October/Millones-de-jovenes-impactaron-ciudades-del-mundo/?Print=true

Capítulo 3

1. Consultado en línea el 1 de junio de 2015.
http://www.latin-dictionary.org/motivus

Capítulo 4

1. Consultado en línea el 1 de junio de 2015.
http://www.carlosannacondia.org/

Capítulo 6

1. Consultado en línea el 1 de junio de 2015.
http://www.unlugar.org/index.php?option=com_content&view=article&id=145&Itemid=1
2. Fundación Yo Elegí Sonreír
Para más info : www.fundacionelegisonreir.org
E-Mail: info@fundacionelegisonreir.org

Capítulo 7

1. Consultado en línea el 23 de mayo de 2015. http://www.goodreads.com/quotes/513349-este-es-un-homenaje-a-los-locos-a-los-inadaptados

Capítulo 8

1. Consultado en línea el 23 de mayo de 2015. http://www.loc.gov/rr/scitech/mysteries/geese.html
2. Consultado en línea el 23 de mayo de 2015. https://www.edfringe.com/about-us

Capítulo 9

1. Consultado en línea el 2 de junio de 2015. https://www.youtube.com/watch?v=V81M3I3K9
2. Consultado en línea el 2 de junio de 2015. https://www.youtube.com/watch?v=ayYXhPz-1CI
3. Consultado en línea el 2 de junio de 2015. https://www.youtube.com/watch?v=37NF_6OKm6s

Capítulo 10

1. Edwards, Gene, *Perfil de Tres Monarcas, Saúl, David y Absalón*, Editorial Vida, 10 de mayo de 2004.